# 京阪神

**25**

◎ **City Target**

**MOOK**

# 京阪神

25　◎ City Target

**contents**

# 京阪神

25 ◎ City Target

**contents**

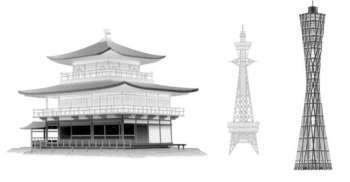

本書所提供的各項可能變動性資訊,如交通、時間、價格(含票價)、地址、電話、網址,係以2023年3月前所收集的為準;特別提醒的是,COVID-19疫情期間這類資訊的變動幅度較大,正確內容請以當地即時標示的資訊為主。
如果你在旅行中發現資訊已更動,或是有任何內文或地圖需要修正的地方,歡迎隨時指正和批評。你可以透過下列方式告訴我們:
　寫信:台北市104中山區民生東路二段141號9樓MOOK編輯部收
　傳真:02-25007796
　E-mail:mook_service@hmg.com.tw
　FB粉絲團:「MOOK墨刻出版」www.facebook.com/travelmook

# 出發！京阪神城市資訊

## 免簽證

2005年8月5日通過台灣觀光客永久免簽證措施，即日起只要是90日內短期赴日者，即可享有免簽證優惠，使得旅行日本更加便利。

### 免簽證實施注意事項

**對象：**持有效台灣護照者(僅限護照上記載有身分證字號者)。

**赴日目的：**以觀光、商務、探親等短期停留目的赴日(如以工作之目的赴日者則不符合免簽證規定)。

**停留期間：**不超過90日期間。

**出發入境地點：**無特別規定。

## 京阪神在那裡？

京阪神位在關西地區，而關西位於日本列島的中心，四周有日本海、瀨戶內海、太平洋圍繞，再加上地形起伏，使這裡的風景別具特色。自古以來關西地區就是日本的經濟文化中心，商業大城大阪、文化古都京都、奈良，藍色港町神戶，周邊的三重、和歌山、淡路島、琵琶湖等地，每個角落都有其韻味。

## 城市氣候

京阪神各地氣候略有不同，大阪最為炎熱乾燥，神戶則較溫和，因為海風吹拂之故夏天也不會過熱，而京都市偏向內陸型氣候，四季變化最明顯；整體而言，春秋需注意早晚溫差，夏季氣溫偏高，也會有梅雨、颱風，冬季降雪相對較少，但均溫仍在10度以下，需做好禦寒準備。

## 習慣

日本的一般商店街和百貨公司，除了特賣期間，通常都從早上11點左右營業到晚間7點~8點間。行人行走的方向是靠左行走，車輛行駛的方向也跟台灣相反，但是比較特別的是，關西地區的車站內搭乘電扶梯習慣和台灣相同，是靠右站立。

## 電源

電壓100伏特，插頭為雙平腳插座。

## 小費

在日本當地消費，無論是用餐、搭乘計程車還是住宿，都不用特別地額外給小費，服務費已內含在標價中。

## 購物

日本的大折扣季是在1月和7月，每次約進行1個半月的時間，跟台灣一樣會折扣愈打愈低，但貨色會愈來愈不齊全。1月因適逢過年，各家百貨公司和商店都會推出超值的福袋。

## 台北駐日經濟文化代表處

在日本如果遭遇到任何問題與麻煩，如護照遺失、人身安全等，都可以與台北駐大阪經濟文化辦事處聯絡。

🚇地下鐵四つ橋「肥後橋」駅4號出口直結；京阪中之島線「渡辺橋」駅12號出口直結；地下鐵御堂筋線、京阪本

線「淀屋橋」駅7號出口徒步5分　◆大阪市北區中之島2-3-18 中之島 FESTIVAL TOWER 17、19F　◆週一~五9:00~11:10、13:00~15:00；17F領務(一般護照、簽證、驗證)受理9:00~11:30、13:00~15:00　◆06-6227-8623；急難救助專線090-8794-4568，車禍、緊急就醫、搶劫、被捕等求助之用，一般事務勿撥打

## 郵政

　郵筒分紅、綠兩色，紅色寄當地郵件，綠色寄外國郵件(有些地區只有一個紅色郵筒兼收)。各地區主要郵局開放時間，週一~五為9:00~17:00，有些大型郵局則會營業至晚上7點或8點。要從日本寄一般標準尺寸名信片回台，郵資為￥70可至郵局或便利商店購買。

日本郵便局：◆www.post.japanpost.jp/

## 退稅手續

　日本從2014年4月起將原本5%的消費稅調漲至8%後，2018年7月起更是將一般品及消耗品合併計算，退稅制度更為優惠。2019年10月起再調漲至10%，想搞懂新的退稅機制，只要把握以下幾個原則就沒有錯：

### 選購商品

　同一日同間商店購買a)消耗品＋b)一般品達￥5000以上

### 結帳

　結帳時表示欲享免稅，並出示護照。短期停留的觀光客才享有退稅資格。有的百貨、商店有專門退稅櫃台，可結帳後再到退稅櫃台辦理。

・店員掃描護照

・取回商品與護照

### 注意事項

・食品、飲料、化妝品、藥品、菸酒等稱為「消耗品」，百貨服飾、家電用品等稱為「一般品」。

・一般品可以拆箱使用，而消耗品原則上需要在出境時帶在身邊讓海關檢查，但如果買了酒、飲料等液態食品，或是化妝水、乳液等保養品不能帶入機艙，必需要放入託運行李中時，可在結帳退稅時請店員分開包裝，但切記裝入行李箱時一樣不可打開包裝袋或箱子，以免稅金被追討。

## 國定假日

| 1月1日 | 元旦 |
| --- | --- |
| 1月第二個週一 | 成人之日 |
| 2月11日 | 建國紀念日 |
| 2月23日 | 天皇誕辰日 |
| 3月20日或21日 | 春分之日 |
| 4月29日 | 昭和之日 |
| 5月3日 | 憲法紀念日 |
| 5月4日 | 綠之日 |
| 5月5日 | 兒童之日 |
| 7月第三個週一 | 海洋之日 |
| 8月11日 | 山之日 |
| 9月第三個週一 | 敬老之日 |
| 9月22日或23日 | 秋分之日 |
| 10月第二個週一 | 體育之日 |
| 11月3日 | 文化之日 |
| 11月23日 | 勤勞感謝日 |
| 12月29~31日 | 年末休假 |

※若假日當天為週末假期，隔天為補假

# 從機場進入市區

從關西機場有不同的交通方式可以進入關西的都會區，從機場怎麼到飯店？應該買什麼票會比較划算？在陌生的地方該怎麼找路？以下是由關西機場進入京阪神地區的交通全剖析。

## 鐵路交通
### 前往京都
#### ◎JR特急Haruka

要從關西機場進入京都市區，第一推薦的就是JR的特急Haruka。特急Haruka不但速度快，一班車就能到達京都駅，還省了提行李轉車的麻煩。

#### 路線與價格指南

| 路線名 | 目的地 | 車程時間 | 車票+普通指定席<br>(單程・通常期) |
|---|---|---|---|
| 特急<br>HARUKA | 京都(京都府) | 約1小時18分 | ¥3630 |
| | 大津(滋賀縣) | 約1小時27分 | ¥4790 |

### 前往大阪

#### ◎JR特急Haruka

特急Haruka隨著關西機場開航而運行，是從關西機場連結大阪市區最快的一輛車。雖然票價較其他列車貴，但因為快速和舒適的優點，十分受到商務人士歡迎。

#### 路線與價格指南

| 路線名 | 目的地 | 需要時間 | 車票+普通指定席<br>(單程・通常期) |
|---|---|---|---|
| 特急Haruka | 新大阪 | 約50分 | ¥3110 |
| | 天王寺 | 約30分 | ¥2470 |

註：前往難波駅、大阪駅需在天王寺轉車(3/18起增停大阪駅，無需轉乘)

#### ◎JR關空快速

由於JR鐵道四通八達，如果預計下塌的飯店並非在大阪、梅田或是難波，利用JR鐵道系統反而較為便利。

#### 路線與價格指南

| 路線名 | 目的地 | 需要時間 | 票價 |
|---|---|---|---|
| 關空快速 | 大阪 | 約1小時10分 | ¥1210 |
| | 京橋 | 約1小時20分 | ¥1210 |
| | 天王寺 | 約55分 | ¥1080 |
| | 日根野 | 約13分 | ¥460 |

註：前往難波需在天王寺轉車

#### ◎南海電鐵 特急Rapi:t

Rapi:t是由南海電鐵營運的特急列車，穿梭於機場與難波地區，全車皆為指定席，車廂前後有行李櫃可擺放大型行李箱。

#### 路線與價格指南

| 路線名 | 目的地 | 需要時間 | 車票+普通指定席 |
|---|---|---|---|
| Rapi:t α | なんば(難波) | 約34分 | ¥1450 |
| Rapi:t β | なんば(難波) | 約39分 | ¥1450 |
| | 堺 | 約27分 | ¥1360 |

註：2022年4月1日~2023年3月31日特價期間至なんば(難波)，成人¥1290，小孩¥650。

## ◎南海電鐵 空港急行

除特急Rapi:t之外,還有空港急行與每一站都停的普通車,而由於普通車和空港急行票價相同,因此一般不會特地選擇普通車。

### 路線與價格指南

| 路線名 | 目的地 | 需要時間 | 票價 |
|---|---|---|---|
| 空港急行 | なんば(難波) | 約50分 | ¥930 |
| | 新今宮 | 約47分 | ¥930 |
| | 堺 | 約35分 | ¥840 |

註:從機場出發的時段如果只有普通車的話,可以搭至泉佐野站再轉搭開往なんば(難波)的急行列車,會比坐普通車快很多。

## 水路交通
### 前往神戶
#### ◎Bay Shuttle

神戶機場與關西國際機場皆位於大阪灣內,為因應神戶機場開通,搭乘Bay Shuttle是目前從關西機場前往神戶最快速的交通方式。

### 路線與價格指南

| 路線名 | 目的地 | 需要時間 | 票價 |
|---|---|---|---|
| Bay Shuttle | 神戶機場 | 約30分 | ¥1880 |

註:至2023年3月31日止外國人持護照與短期觀光簽證搭乘,可享優惠成人¥500、6~未滿12歲¥250。

## 公路交通
### 前往京阪神
#### ◎利木津巴士

利木津是穿梭在關西機場與大關西地區各主要車站與飯店間的巴士,包括京阪神主要地區與周邊地區等各縣皆可抵達,共有25條路線。

### 路線與價格指南(第一航廈1F)

| 乘車處 | 目的地 | 需要時間 | 票價 |
|---|---|---|---|
| 4號 | 阪神西宮 | 約55分 | ¥1800 |
| 5號 | 大阪駅、梅田 | 約60分 | ¥1600 |
| 6號 | 神戶三宮 | 約1小時5分 | ¥2000 |
| 8號 | 京都駅八条口 | 約1小時30分 | ¥2600 |
| | 大阪(伊丹)機場 | 約1小時10分 | ¥2000 |

### 交通選擇指標

○=適合 △=還可以 ✕=不適合

| | 利木津巴士 | 地鐵普通車 | 直達列車 | 計程車 |
|---|---|---|---|---|
| 行李又多又重 | ○ | △ | △ | ○ |
| 只要便宜就好 | △ | ○ | △ | ✕ |
| 只要輕鬆就好 | △ | △ | △ | ○ |
| 沒時間,要快點 | △ | ✕ | ○ | △ |

# 京阪神
# 鐵路全圖

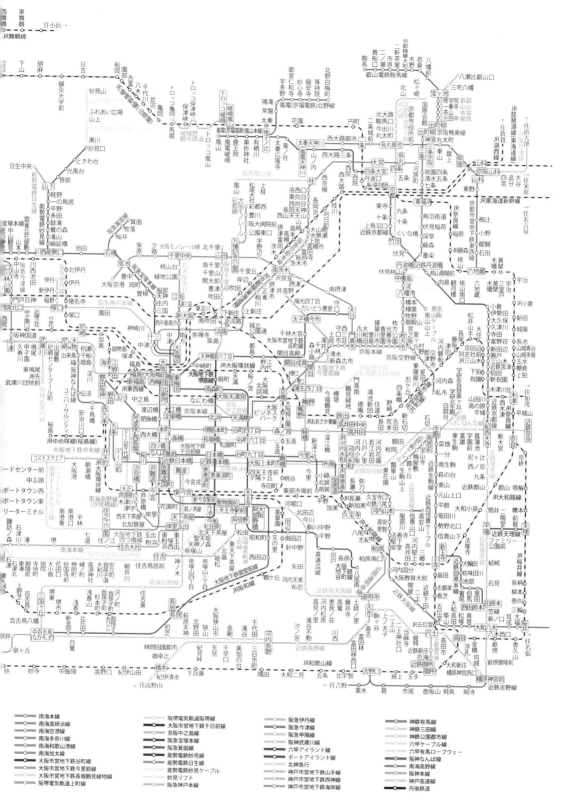

# 京阪神市區交通

## 電車／地下鐵

　　搭乘電車還是旅遊京阪神最建議的方式，當地主要的旅遊勝地都可以靠地鐵抵達，搭乘方法也不困難，站名大多都以日文漢字呈現，不太會有語言上的問題；唯有些地方還是要走些路才能抵達。

## JR西日本

🌐 www.jr-odekake.net

　　JR的鐵道路線密布全日本，在大阪市區最常被利用的就是JR環狀線、JR東西線了，另外還有JR神戶線、JR大和路線、新幹線等經過，對外聯絡也十分便利，是在關西地區長途移動的最佳交通選擇。

### ◎大阪環狀線

**重要車站：**大阪、京橋、大阪城公園、鶴橋、天王寺

　　大阪環狀線是在大阪市中心大阪環狀線是在大阪市中心外圍連結成的環狀鐵路，主要連結其他地鐵線路、私鐵、巴士共織出完善的交通網。

### ◎東西線

**重要車站：**大阪天滿宮、北新地、尼崎

　　JR東西線的正式名稱與暱稱都有「JR」兩字。從大阪城東區的京橋延伸到兵庫縣尼崎，無論是快速、區間快速、普通列車，皆在JR東西線內各站停車。

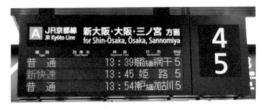

### ◎ゆめ咲線(桜島線)

**重要車站：**西九条、ユニバーサルシティ

　　正式名稱為「桜島線」，原本因為沿線工廠眾多，主要為上下班的通勤路線，2001年環球影城駅(ユニバーサルシティ駅)啟用，搖身一變成為玩樂路線。

### ◎京都線

**重要車站：**京都、新大阪、大阪

　　JR京都線是往來京都大阪的旅客最常使用的路線。從京都駅到大阪駅若搭乘新快速約30分鐘可達，而且還不用額外加價，十分地快速便利。

### ◎奈良線

**重要車站：**京都、東福寺、稲荷、宇治、木津、奈良

　　奈良線在京都駅可轉乘到JR京都線、琵琶湖線、嵯峨野線，在木津駅可轉乘到関西本線(大和路線)與片町線，肩負京都與奈良之間的交通連結。

### ◎神戶線

**重要車站：**大阪、三ノ宮、元町、神戶、兵庫、新長田、垂水、舞子、明石、姬路

　　JR神戶線為神戶駅到姬路駅區間的暱稱，連結了大阪市、神戶市、明石市及姬路市。若從大阪駅搭乘新快速，到三ノ宮駅最短約20分鐘可達。

## Osaka Metro(大阪地下鐵)

🌐 www.osakametro.co.jp

　　大阪地下鐵擁有9條線路，與JR大阪環狀線串聯起來共同譜出大阪市區的交通圈。其中御堂筋線、四ツ橋線，谷町線等都是較常被觀光客所利用的熱門路線。

### ◎御堂筋線

**重要車站**：新大阪、梅田、淀屋橋、本町、心斎橋、なんば、動物園前、天王寺

御堂筋線是大阪的第一條地下鐵，也是全日本第一條公營的地下鐵。由日本國土交通省調查，在御堂筋的梅田與淀屋橋之間，是乘客流量最大的區間。

◎谷町線

**重要車站**：東梅田、南森町、天満橋、谷町四丁目、天王寺

谷町線是從大阪府北邊的守口市經由大阪市中心，延伸至大阪府南部八尾市的路線，是大阪地下鐵中營業長度最長的一條線路。

◎四つ橋線

**重要車站**：西梅田、四ツ橋、なんば

四つ橋線最初的設定是作為御堂筋線的支線，所以在梅田駅旁再設了西梅田駅分擔御堂筋線的流量，是大阪地下鐵中流量第4大的線路。

◎中央線

**重要車站**：コスモスクエア、大阪港、本町、谷町四丁目

中央線連接大阪市住之江區的コスモスクエア駅與東大阪市的長田駅，肩負著大阪市東西向的交通，為大阪所有的地下鐵中唯一一個與所有路線連接的路線。

◎千日前線

**重要車站**：なんば、日本橋

雖使用人數不如其他線路那麼多，但なんば駅到谷町九丁目駅間依然會出現大批轉車的人潮。

◎堺筋線

**重要車站**：天橋筋六丁目、日本橋、動物園前

堺筋線連接市區南北向，北區的天神橋筋六丁目駅與西成區的天下茶屋駅，因為線路修築在堺筋地下而得名。

◎長堀鶴見綠地線

**重要車站**：心斎橋、谷町六丁目、森ノ宮、京橋

長堀鶴見綠地線是觀光客較少利用的線路，路線為東西走向，起訖站為大阪的大正駅與門真市的門真南駅。

◎今里筋線

**重要車站**：太子橋今市、綠橋、今里

今里筋線連接井高野與今里，沿途大多是住宅區，更是唯一與御堂筋線不相連的地鐵線，觀光客利用機會較少。

◎南港ポートタウン線(南港港城線)

**重要車站**：コスモスクエア、住之江公園

南港港城線暱稱為NewTram(ニュートラム)，為高架式的單軌電車，連接大阪市住之江區與大阪灣區的宇宙廣場(コスモスクエア)。

## Do YOU KnoW

### Osaka Metro(大阪地下鐵) 每條線路顏色都有含意？

京阪神的鐵路四通八達、密密麻麻，而原來大阪市營地下鐵的每條路線顏色都有不同來源？御堂筋線是大阪交通的大動脈，故其代表顏色是紅色；谷町線沿線有許多寺廟古蹟，就採用和尚袈裟上的「紫」作代表色；分擔流量的特性的四つ橋線，以靜脈為概念，將藍色作為代表色；中央線行經大阪城公園、難波宮遺址公園等綠地，遂以綠色為代表色；千日前線的粉紅代表色象徵著難波新地及千日前的霓虹燈；堺筋線為配合直通運轉的阪急電鐵，路線顏色採用棕色；長堀鶴見綠地線以通往大阪花博會場而建，故以綠地為意象，採用黃綠色為代表；位在最東邊的今里筋線採橘色，主要象徵太陽升起照耀的溫暖；南港港城線則運用象徵天空與大海的水藍色為代表色。

M T Y C S
K N I P

## 阪神電車

🌐 www.hanshin.co.jp/global/tw/

**重要車站**：梅田、難波、神戶三宮、山陽姬路

阪神電車的營運路線主要在大阪至神戶之間，還延伸至世界文化遺產姬路城的所在地「姬路」。由於阪神的票價較為便宜，停靠站又多，相當受到當地居民歡迎。

## 阪急電鐵

🌐 www.hankyu.co.jp/global/zh-tw/

**重要車站**：河原町、嵐山、梅田、箕面、宝塚、神戶三宮

阪急電鐵涵蓋的範圍廣大，神戶、大阪、京都這三大區域都有其運行軌跡。以大阪梅田為中心，向外大致可以分為神戶線、寶塚線、京都線。前往京都嵐山、兵庫寶塚時會建議搭乘阪急電鐵，較為方便。

## 南海電鐵

🌐 www.howto-osaka.com/tc/top.html

主要運轉區間在大阪南部至和歌山、高野山一帶，也連結大阪難波與關西機場之間的交通。因高野山在2004年登錄為世界遺產，使得通往高野山最方便的交通路線──南海高野線受到日本各地與外國人觀光客的注意。

## 近畿日本鐵道

🌐 www.kintetsu.co.jp

日本最大的私鐵公司，愛稱為「近鐵」。路線幾乎涵蓋近畿南面區域，包括大阪、京都、奈良、三重伊勢及名古屋。尤其由大阪往奈良，雖然有JR和近鐵可選擇，但多數人會選擇搭乘近鐵到離觀光區較近的近鐵奈良駅。

## 京都市營地下鐵

🌐 www.city.kyoto.lg.jp/kotsu/

京都市僅有兩條地下鐵，如醍醐寺、北山、二条城等景點，搭乘地下鐵前往較為方便。市中心近距離移動時，搭乘地下鐵也會比搭公車來得更快。

### ◎東西線

**重要車站**：蹴上、東山、三条京阪、京都市役所前、烏丸御池、二条城前、二条

東西線連結宇治市的六地蔵駅及右京區的太秦天神川駅，因東西向行走於京都市中心的三条通、御池通及押小路通的地下而得名。

### ◎烏丸線

**重要車站**：北大路、今出川、烏丸御池、四条、京都、竹田

烏丸線連接左京區的国際会館駅與伏見區的竹田駅，是京都市最早的市營地下鐵。藉由烏丸線前往沿線的京都御所、東本願寺，或是搭乘後再轉乘其他線路及巴士，都少不了它。

## 京福電鐵

🌐 www.keifuku.co.jp

**重要車站**：北野白梅町、龍安寺、四条大宮、嵐電嵯峨、嵐山

通稱「嵐電(らんでん)」的京福電鐵，為京都最特別的路面電車，共有兩條主要路線，分別為連結市區的四条大宮駅和嵐山駅的嵐山本線，以及通往仁和寺、妙心寺、北野天滿宮的北野線。

## 京阪電車

京阪本線在三条駅與地下鐵東西線的三条京阪駅相交，是市巴士在市區內最

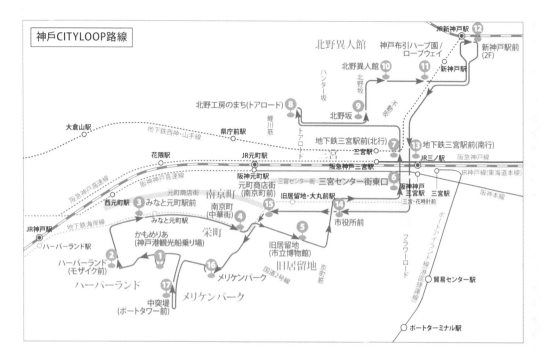

**神戸CITYLOOP路線**

大的停靠點之一。搭乘京阪本線到出町柳駅,可轉搭叡山電鐵前往貴船、鞍馬和比叡山延曆寺。

## 叡山電車

⊕eizandensha.co.jp

屬京阪電車旗下,起站為出町柳駅,鞍馬線通往貴船、鞍馬,叡山本線則可在八瀨比叡山口駅下車轉乘纜車到比叡山延曆寺。

◎叡山本線

**重要車站**:出町柳、一乘寺、宝ヶ池、八瀨比叡山口

叡山本線連結京都市左京區的出町柳到八瀨比叡山口,沿線有著許多名所及遺跡,無論是要到下鴨神社、曼殊院、修學院離宮等,沿著這條線都可以到達。

◎鞍馬線

**重要車站**:宝ヶ池、岩倉、貴船口、鞍馬

鞍馬線主要使用於兩種用途,其一就是從京都市中心到市原駅的生活路線,其二是到鞍馬寺或貴船神社的玩樂、參拜路線。

## 神戶市營地下鐵

⊕www.city.kobe.lg.jp

在神戶地區,除了各大私鐵與JR之外,最常被觀光客使用的,當然就屬神戶市營地下鐵海岸線了,由於連接神戶港區與三宮繁華街,讓來往兩地更加便捷。

## 神戶電鐵

⊕www.hanshin.co.jp

前往有馬溫泉泡湯,可以從新神戶駅搭乘北神急行電鐵,在終點站谷上駅轉搭神戶電鐵有馬線即達。

## 山陽電車

⊕www.sanyo-railway.co.jp

山陽電車幾乎與JR山陽本線平行,行經的大點也都差不多,但其停靠的站更多,所以一樣的目的行駛時間較長,算是服務地方民眾的路線。

## 巴士

京阪神地區大多以鐵路串聯，但在京都的主要交通工具卻是巴士，神戶也能利用CITY LOOP循環巴士遊玩神戶市區。鐵路配合巴士，走得更在地、玩得更深入！

### 神戶CITY LOOP(詳見P.015)

外型復古的CITY LOOP循環巴士，主要繞行市區精華景點，包括北野、三宮、元町、港區等，且10~20分就會有一班車，走累了可以用公車代步！

**車資：**單程大人¥260，小學生以下¥130

**班距：**平日首班車9:07，末班車20:52；週末及例假日首班車9:02，末班車20:57；約20~30分一車次

### 京都

#### ◎市巴士

淺綠色的市巴士由京都市交通局所營運，只要在「京都巴士一日券」區間範圍內的車班全都可以憑「京都巴士一日券」搭乘，也是京都巴士旅行中使用機率最高的巴士。

**循環系統**

在票價均一的區間內環狀行駛的巴士路線，車牌以橘底白色數字表示，車票為¥230。

**多區間系統**

由市區開往市郊的路線，車牌以白底黑色數字表示。車票會因乘車距離而改變，上車時需記得刷卡或是拿取整理券。多區間系統行駛路線會超過一日券區間，若持一日券乘車需補車票差價。

**岡崎循環巴士**

運行時間：9:05~17:50，約15分一班

注意：目前暫時運休中

車上有「岡崎ループ」字樣、行駛於河原町三条、京都市役所、岡崎公園、動物園、南禪寺、青蓮院到知恩院之間的小型循環巴士，車票為12歲以上¥230，6~11歲¥120。

**夜間巴士**

運行時間：祇園~京都駅20:00~21:30，約10分一班；河原町~京都駅22:00~22:50，約10分一班

牌上有月亮圖案與「よるバス」字樣，為連接祇園、河原町與京都車站的夜間巴士，車票為成人¥230，小孩¥120。

#### ◎郊區巴士

除了有著淺綠色塗裝的市巴士，京都還有多家巴士，路線多為京都市區往郊區路線。

**京都巴士**

米色車身搭配暗紅線條的京都巴士，主要由市區往嵐山、大原、比叡山、鞍馬貴船等景點，區間範圍內可憑「京都巴士一日券」搭乘，超過區間需補車票差額。

**京阪京都巴士**

和京阪巴士一樣為白色車身、大紅色條紋，唯一差別是車頭多了六角星標誌。主要運行於桂、龜岡和南丹區域，每年春夏秋各季都會推出美山區域的觀光巴士「京都美山線」。

**西日本JR巴士**

白色車身，藍色線條，是由京都前往大阪、東京、石川甚至廣島等超長距離的高速巴士。另有「高雄、京北線」，連接京都站和近郊的高雄、周山地區。

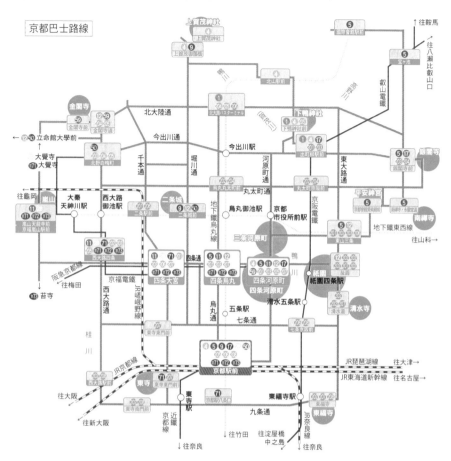

京都巴士路線

## 搭巴士步驟

**Step 1.尋找站牌：**依照要前往的方向尋找正確站牌。

**Step 2.看懂巴士站牌與時刻表：**巴士站牌都會標出車種、路線停靠標示和時刻表，大部分的車站也會有即將到站通知。

**Step 3.後門上車：**上車記得抽整理券或在上車時刷交通儲值卡。整理券是票價的憑據，記得要拿。另外如果是起站或是在均一車資範圍中也不需拿券。

**Step 4.確認到站與按鈴：**前方螢幕會顯示下一站，下車時請按鈴，等車停妥再起身下車。調整系統的車輛上方

會顯示票價，可以對照整理券的數字確定應付金額，若從起站坐就沒有整理券，應付票價為第一格「券なし」。

**Step 5.前門下車：**從駕駛旁前門投幣下車，將整理券和零錢一起投入。如果沒有零錢也可以用兌幣機換好再投。

若是使用1日券，第一次使用需在下車前將票卡放入讀卡機，若已在當天使用過且印有日期，只需將印有日期的那面出示給司機看即可。

## 優惠票券

　　京阪神地區有許多單一系統或是結合不同交通系統的優惠票券，每種套票都各有優點，要怎麼決定適合哪種票券，只要抓出計劃中的行程景點，將交通費列出，再與套票做比較，加加減減，就能找到最適合的票券！

### 關西周遊卡／KANSAI THRU PASS

**使用範圍：**京都、大阪、神戶、比叡山、姬路、和歌山、奈良、高野山的私鐵電車、地鐵與巴士(限定範圍)。

買張交通儲值卡——ICOCA

由JR西日本推出的ICOCA是類似台北捷運悠遊卡的儲值票卡，首次購買後便已有¥1500的額度可以使用，不管是用在搭乘電車，或是在便利商店購物都很方便，票卡內的金額用完後只要在機器加值即可。ICOCA因與PiTaPa合作，所以除了JR還可使用於京阪神的市營地下鐵及各大私鐵，十分便利。

🌐www.jr-odekake.net/icoca/

◎販賣地點
各JR車站的車票自動販賣機。

◎價格
¥2000(內含可使用額度¥1500、保證金¥500，退還卡片時可領回保證金，卡片餘額的部分會扣除¥220的手續費)。

◎加值金額
每一次可加值¥1000、¥2000、¥3000、¥5000、¥10000。

◎改札口
將ICOCA輕輕觸碰改札口感應處，就可迅速進出車站。

◎自動精算機
如卡片中的餘額不足，無法通過改札口，必須在精算機精算出餘額，也可直接在精算機加值。

### 價格：

| KANSAI THRU PASS | 成人 | 小學生 |
|---|---|---|
| 2天 | ¥4380 | ¥2190 |
| 3天 | ¥5400 | ¥2700 |

※此為在日本境外購入之價格

**購買：**
‧台灣各大旅行社。
‧關西機場：關西機場旅遊訊息服務中心(KTIC)、南海電鐵關西機場站窗口
‧遊客指南中心：大阪、阪急梅田、難波、天王寺、新大阪、京都(京都塔3F)
‧JR京都駅前公車綜合服務處

**優點：**範圍涵蓋整個關西地區，使用日期彈性；事先購買不需兌換，使用時如普通車票檢票即可。

**缺點：**不可利用JR系統、神戶City Loop。

### 近鐵電車周遊券／KINTETSU RAIL PASS

**使用範圍：**

KINTETSU RAIL PASS：5天內自由搭乘近鐵列車與伊賀鐵道。

KINTETSU RAIL PASS plus：KINTETSU RAIL PASS功能外，附加期限內自由搭乘奈良交通巴士、伊勢志摩的三重交通巴士、鳥羽的海鷗巴士。

### 價格：

| 票種 | 成人 | 小學生 |
|---|---|---|
| KINTETSU RAIL PASS 5天 | ¥3700 | ¥1850 |
| KINTETSU RAIL PASS plus 5天 | ¥4900 | ¥2450 |

**購買：**持護照在近鐵主要車站及關西機場的KTIC櫃台購票，也可事先向台灣的旅行社購買，再持兌換券及護照到日本當地窗口換票。

**優點：**票價優惠，還可利用奈良交通巴士。

**缺點：**無法搭乘其他地鐵系統，且近鐵車程較長。

### 阪急全線乘車券／HANKYU TOURIST PASS

**使用範圍：**只限外國遊客才能購買的阪急全線乘車券，能夠搭乘阪急電車的全線列車，最遠能到京都河原町、神戶三宮，連嵐山、寶塚等地也能到達。

價格：

| HANKYU TOURIST PASS | 成人 | 小學生 |
| --- | --- | --- |
| 1天 | ¥700 | ¥1850 |
| 2天(可不連續使用) | ¥1200 | ¥2450 |

※無販售兒童票

**購買**：台灣各大旅行社、關西機場旅遊訊息服務中心(KTIC)、阪急旅客服務中心(阪急梅田駅1樓)、大阪梅田及阪急京都觀光諮詢服務中心

※購票時需出示護照，一人限購一張。

**優點**：價格划算，二日券可在不連續的兩天使用，便於彈性利用。

**缺點**：只能使用阪急電鐵。大阪只有北區有阪急線路，要到南區的心齋橋、難波、天王寺都須轉乘地鐵；至當天末班車為止，非24小時計算。

## 大阪周遊卡／大阪周遊パス
**使用範圍**：大阪市巴士、地下鐵全區
價格：

| 大阪周遊パス[大阪區版] | 成人 |
| --- | --- |
| 1天 | ¥2800 |
| 2天(限連續兩天用) | ¥3600 |

※無販售兒童票
**購買**：

・台灣的合作旅行社購買。

・關西機場旅遊訊息服務中心(KTIC)、大阪市各車站，新大阪、大阪(梅田)、難波的旅遊服務中心、部分飯店，另一日券於阪急、阪神、京阪、近鐵、南海的主要車站亦可購買。

**優點**：一日券能乘坐阪急、阪神、京阪、近鐵、南海電鐵等部分區域列車，免費進入近40個景點，如通天閣、空中庭園展望台、大阪城天守閣等。

**缺點**：不可搭乘JR路線。

## 京都市地下鐵・巴士一日乘車券／京都市地下鉄・バス一日券
**使用範圍**：地下鐵全線

及市巴士全線，部分區域的京都巴士、京阪巴士、西日本JR巴士。

價格：

| 票種 | 成人 | 小學生 |
| --- | --- | --- |
| 地下鉄・バス一日券 | ¥1100 | ¥550 |

**購買**：地下鐵窗口、市巴士・地下鐵案內所、京都綜合觀光案內所(京都駅2F)、京都旅客服務中心(京都塔3F)、京都駅前巴士綜合案內所。

**優點**：價格划算，永觀堂、高台寺、京都塔、二条成等約60處景點、店家享有優惠。

**缺點**：部分路段會塞車，不適用於比叡山線及季節運行的路線。

## 京都巴士一日券／京都バス一日券
**使用範圍**：京都市內均一區間所有的市巴士、京都巴士。

價格：

| 票種 | 成人 | 小學生 |
| --- | --- | --- |
| バス一日券 | ¥700 | ¥350 |

**購買**：市巴士・地下鐵案內所、京都巴士及市巴士營業所、京都巴士及市巴士車內(數量有限)、地下鐵窗口(僅售成人版)。

**優點**：價錢划算，巴士單程¥230，搭四趟就值回票價。

**缺點**：部分路段可能塞車，記得預留時間。

## 京都市營地下鐵一日券／京都市営地下鉄1dayフリーチケット
**使用範圍**：當天京都市地下鐵無限次搭乘

價格：

| 票種 | 成人 | 小學生 |
| --- | --- | --- |
| 市営地下鉄1dayフリーチケット | ¥800 | ¥400 |

**購買**：市巴士・地下鐵案內所、地下鐵售票機。

**優點**：在二条城、東映太秦映畫村及京都國際漫畫博物館等設施享有優惠。

**缺點**：只能搭乘地鐵，且不能搭到與近鐵、京阪電車直通運轉的車次。

# 京 都 世 界 遺 產 地 圖

京都是日本的千年古都，眾多保存完善的木造建築，以及由特殊宗教文化背景所造就的庭園造景，都是世界藝術文化的寶藏。經由聯合國教科文組織認證，在1994年將17所古蹟列入世界遺產。跟著地圖一覽千年古都的絕代風華！

1994年登錄

## 上賀茂神社

上賀茂神社位於鴨川上游，是京都最古老的神社，朱紅色的漆牆、檜皮茸的屋頂，莊重典麗的氣質，流露出平安時代的貴族氛圍。每年5月5日這裡會舉辦傳統行事「賀茂競馬」，穿著平安朝服飾的貴族人物策馬狂奔，是一年一度的精彩盛事。

⌖京都市北區上賀茂本山339

**上賀茂手作市集**
沿著楢之小川(ならの小川)設置的上賀茂手作市集，只在每個月第4個週日舉行，吸引百家攤販前來設攤，因四周林木扶疏，又有森林裡的市集之稱。

## 仁和寺

仁和寺的建築規模宏大，庭園優美，在寺院建築上，享有最高格式之名。寺廟為光孝天皇於仁和2年(886)所建，後來在應仁之亂中不幸全數燒毀，直到江戶時代的正保3年(1646)才重建完成；寺內的御寺櫻十分有名。

⌖京都市右京區御室大內33

## 天龍寺

在京都五山裡天龍寺排名第一，是造訪嵐山必遊景點之一。天龍寺建於1339年，據說是因為一位和尚在夢中看見一條飛龍從附近的江中騰空飛起而取名，境內因此隨處可見龍的造型。

⌖京都市右京區嵯峨天龍寺芒ノ馬場町68

## 西本願寺

西本願寺是淨土真宗本願寺派的總本山，建築風格屬於桃山文化，唐門、書院、能舞台，都是日本國寶，也是世界遺產。西本願寺的能舞台，據考證是日本現存最古老的一座；寺內的飛雲閣與金閣寺、銀閣寺並稱為「京都三名閣」。

⌖京都市下京區堀川通花屋町下ル

## 龍安寺

龍安寺創建於室町時代的寶德2年(1450)，以著名的枯山水石庭「渡虎之子」聞名。由佛教的角度來觀覽枯山水石庭，以無垠白砂代表汪洋、以石塊代表浮沉人間以及佛教中永恆的蓬萊仙島，方寸間見無限，就是枯山水的最高境界。

⟐京都市右京區龍安寺御陵下町13

## 高山寺

高山寺建於寶龜5年(774)，周邊包圍著高大挺拔的杉林和楓樹，秋天楓葉轉紅時是京都著名的紅葉名勝。境內有處古老的茶園，因陽光充足且排水優良適合茶樹生長，連帶使得茶道漸漸普及，是日本茶的起源地之一。

⟐京都市右京區梅ケ畑栂尾町8

## 比叡山延曆寺

延曆寺位於比叡山頂、四明岳東北方，是天台宗大本山。天台宗最澄法師在山上苦修7年後，於西元788年所建立的延曆寺，其實並無實體建築，應該說比叡山上並無一座叫做延曆寺的建築，而是所有比叡山上的廟宇堂塔都表示為延曆寺。

⟐滋賀縣大津市坂本本町4220

## 二条城

二条城建於慶長8年(1603)，正式名稱為「元離宮二条城」，是江戶幕府將軍德川家康1602年在京都的居城。桃山式武家建築十分華麗，大廣間更是1867年日本轉變為現代化國家的關鍵「大政奉還」的儀式場所。

⟐京都市中京區二条通堀川西入二条城町541

## 醍醐寺

醍醐寺建於日本平安時代，寺內約有80座建築物，依照山勢而建，擁有許多國寶級古蹟，寺內創建於951年的醍醐寺五重塔，至今仍保留完整，成為京都最古老的木造物。

⟐京都市伏見區醍醐東大路町22

比叡山延曆寺

高山寺

上賀茂神社

金閣寺(見P.83)
龍安寺

仁和寺

下鴨神社(見P.92)

苔寺(西芳寺)
天龍寺

銀閣寺(見P.81)

二条城

西本願寺
清水寺(見P.62)

東寺(見P.36)

醍醐寺

宇治上神社
平等院

## 宇治上神社

宇治上神社位於宇治川東岸，與另一座世界遺產「平等院」，正好隔川相對。神社建築包括本殿、拜殿、春日神社等建築。依據年輪鑑定，本殿建築的年代可以追溯至西元1060年，也是現存最古老的神社建築。

⟐京都府宇治市宇治山田59

## 平等院

位於宇治川南岸，首建於西元998年的平等院，是平安時代權頃一時的藤原道長的別墅，別名為「鳳凰堂」。平等院是藤原文化碩果僅存的代表性建築物，堂前的阿字池營造出象徵曼陀羅的極樂淨土。

⟐京都府宇治市宇治蓮華116

# 漫遊優雅京阪神，沉浸舊屋

如果你憧憬著舊建築優雅迷人的風韻，嚮往著老屋帶來風味盎然的典雅生活，不妨跟著幾間新靈魂的老建築，探索其中的風雅氣質、漫遊老房子的新生創意，參與完美留存於今日的千年繁華。

## Jimukiro-Uedaビル

☎& PAPERS 075-354-0351；BOX&NEEDLE 075-748-1036 ⋒京都市下京區五条通高倉角堺町21 Jimukinoueda bldg. 1F(& PAPERS)、3F-303(BOX&NEEDLE) ◷& PAPERS 10:00~18:00；BOX&NEEDLE週五13:00~18:00、週六日12:00~18:00 ㊡& PAPER週三、不定休；BOX&NEEDLE週一~四、例假日 ㊤(& PAPER) andpapers.com/；(BOX&NEEDLE) boxandneedle.com/

　　Ueda大樓是一棟老大樓，以集結創意工作者進駐賦予大樓新活力，有紙器店、咖啡店及工作室等。推薦3樓的BOX&NEEDLE這家超百年的紙器用品店，有世界各國的紙品以及手工紙製品，想DIY，也有各式課程。

京都
京都駅

## 新風館

☎依設施而異 ⋒京都市中京區烏丸通姉小路下ル場之町586-2 ◷購物11:00~20:00，餐廳8:00~0:00 ㊤shinpuhkan.jp

　　經歷了4年整修，前身為舊京都中央電話局的新風館在建築師隈研吾操刀下換新面貌重新開張，改裝後的新風館，保留了大正時代竣工的紅磚瓦，融合了京都風格的黃銅裝飾，以及日式建築特有的木造結構，傳統與創新的組合，帶出了這個京都指定文化財的全新風格。館內除了有賣店、餐廳及電影院進駐之外，還開設了飯店。

京都
三条

©CForward Stroke inc.

## 元·立誠小學校

☎075-708-5318 ⋒京都市中京區蛸藥師通河原町東入備前島町310-2 ◷Traveling Coffee 11:00~17:00，校舍其他部分僅活動舉辦時開放 ㊡不定休 ㊤www.rissei.org/；(Traveling Coffee)www.facebook.com/kyototravelingcoffee/

　　元·立誠小學校鄰近河原町通鬧區的高瀨川邊，1920在高瀨川卸除運河功能後，學校接著在1928年建蓋，隨著因少子化於1993年廢學校後，將之變為多功能的文化發信地與咖啡館，成為文化藝術、電影演出的新空間。

京都
四条
河原町

# 1928大樓
## 1928ビル

⚓京都市中京區三条通御幸町東入弁慶石町56 🔟
www.dohjidai.com/

1928大樓的名稱就是其建成的年代，1928年(昭和3年)。位在京都懷舊大樓密集區三条通上的1928大樓，裝飾藝術風格的淺橘的外觀有別於懷舊建築常見的紅磚建築或辰野式風格，是使用鋼筋混凝土建造，頂層的星形窗戶和陽台來自每日新聞社的社章形狀(每日新聞京都支社在此使用到1998年)是著名特色。目前裡面作為藝廊、咖啡館和表演廳使用。

京都
三条

京都
三条

內部與莊重外觀不同，進駐許多年輕風格小店。

# 薩可拉大樓
## サクラビル(SACRAビル)

⚓京都市中京區三条通富小路西入ル中之町20

建於大正5年(1916)的薩可拉大樓屬於日本政府登錄在案的國有文化財，這裡最初是日本最大的銀行「不動儲金銀行」的京都分行，文藝復興的風格帶有莊重感，除了一樓是磚造，二、三樓是木骨磚造，在1988年進行整修而成為我們現今看到的樣貌。

京都
四条
河原町

# 壽大樓
## 寿ビルヂング

⚓京都市下京區河原町通四条下ル市之町251-2 🔟依店舖而異 ⏰依店舖而異 🈺依店舖而異 ❗除了minä perhonen，其他設施的公休日在週四，造訪壽大樓還是避開週四為宜

昭和2年建成的壽大樓是京都懷舊建築裡少有的白色磚石造大樓，簡潔的造型甚有古典主義的均衡感。壽大樓共有五層，想要搭乘電梯時必須沿著電梯指標往後方走，走出壽大樓到隔壁棟建築裡搭乘，抵達要去的樓面時又再通過空中走道走回來，這是壽大樓提升便利度又不破壞現有結構的作法。

# 新井大樓
## 新井ビル

⌂大阪市中央區今橋2-1-1 ☞arai-bldg.com

　　從大阪證券交易所往南行不到200公尺，新井大樓就出現在對面的街道上。新井大樓建於大正11年(1922)，原為報德銀行大阪分店，最大的特色是建築結構十分有趣，左側門口的階梯通往1、2樓，右門是3、4樓的入口，走入螺旋而上的階梯就好像走在一座塔裡。

大阪
中之島
北浜

大阪
中之島
北浜

# 生駒大樓
## 生駒ビル

☎06-6231-0751　⌂大阪市中央區平野町2-2-12 ◷9:00~17:30 ㊡週六、日、例假日 ☞www.ikoma.ne.jp

　　近看這座完成於昭和5年(1930)的大樓，採取20世紀初期流行的裝飾藝術(art deco)式樣，彩色的玻璃窗從建成當時使用至今，外壁上還能看到生駒時計店的字樣，大樓頂端的大時鐘依然在運作，彷彿當年的美麗光景並未隨著時光消逝。

# 芝川大樓
## 芝川ビル

⌂大阪市中央區伏見町3-3-3 ☞shibakawa-bld.net

　　昭和2年(1927年)竣工，由 谷五郎和本間乙 設計，南美馬雅印加風鋼筋混凝土建築，屋主芝川又四郎看中的是鋼筋混凝土防火耐震的特性，在當時多為日式木造建築的船場地區實在很少見，並於平成18年(2006)登錄有形文化財。

大阪
中之島
北浜

## 綿業会館

☎06-6231-4881 ⏱大阪市中央區備後町2-5-8 🕐
10:00~20:00、見學預約制第4個週六(12月僅第2個週
六)10:30、13:15(喫茶+見學)、14:00 🈺週日、例假日、第3個
週六 💰見學第1梯次10:30(含午餐)¥3500；第2梯次13:15(含
喫茶)¥1500、14:00(見學)¥500 🔗mengyo-club.jp

　昭和初期大阪有「東洋曼徹斯特」之稱，是世界第一
的綿製品出口國，已故東洋紡務理事岡常夫的遺志為
了讓日本綿業發展更進步，因此捐出100萬遺產與業界
50萬的資金建了這棟會員制的日本綿業部。義大利文
藝復興時期的建築風格，舊時作為迎賓館，現在可透
過預約見學富麗堂皇的內部。

大阪
中之島
北浜

### 空堀特色長屋群─練、萌、惣

你來挖寶！

各式小店等著

曾為豐臣秀吉為
守住大阪城而建
造的無人壕溝遺址
「空堀」，經由填
平工程而成為商店
街，而保留下來許多江戶時代的長屋建築，現在
則將古風長屋搖身一變成為特色小店或咖啡廳。

**·練**

⏱大阪市中央區谷町
6-17-43
御屋敷再生複合店舖
「練」是在大正末期從
神戶舞子地區移築，裡頭入駐店家五花八門，吃
喝玩樂全包。

**·惣**

⏱大阪市中央區瓦屋
町1-6-2
惣改建自明治時代
(1868年)兩層樓木造
長屋，是空堀再生複合計畫的第一棟建築，內部
分為母屋和南長屋，結合咖啡廳、雜貨舖等綜合
商店。

**·萌**

⏱大阪市中央區谷町
6-5-26
萌的三層樓建築比起
惣和練外觀較新穎，
因位於日本知名作家直木三十五就讀過的桃園小
學旁，因而在2樓特別設置直木三十五紀念館。

大阪
中之島
北浜

在英國古典咖啡館內享受正統英式午茶。

## 北浜懷舊大樓
## 北浜レトロビル

⏱大阪市中央區北浜1-1-26

　北浜レトロビル是明治45年(1912)築成的洋館，使用
紅磚的外觀屬於英國式樣。最初是證券交易商的辦公
室，戰後逐漸頹圮老舊，關閉成為廢棄大樓，後經有心
人士搶救，現為日本政府指定的有形文化財。重新開幕
後聲名大噪，成為來北浜必朝聖的人氣景點。

# 六月樓
## ロクガツビル

🏠神戶市中央區北長狹通3-11-8 🕐依各店鋪而異
🌐www.tit-rollo.com

神戶
栄町

神戶
三宮

ロクガツビル(六月樓)改建自一幢70年代的小樓,「六月」一詞,在店主人谷氏夫婦喜愛的神戶作家稻垣足穗的小說中經常提及,兩人認為「六月的感覺很神戶」,故以六月為小樓命名。這是一座集合商舖,共設三間店家。

進駐店家多為講究質感的特別選物店。

# 謝大樓
## 謝ビル

🏠神戶市中央區栄町通3-2-6

這座精巧的樓房建於20世紀初期,業主沒有因為追求容積率拆除掉舊大樓,而是長久維持現狀,在懷舊建築裡反而是不那麼常見的。謝大樓略有裝飾藝術風格,在通往2樓的階梯還可看到原先住戶的名字,十分特別。

# 海岸大樓
## 海岸ビルヂング

🏠神戶市中央區海岸通3-1-5 🌐kaigan-building.com

這裡最初是貿易公司兼松商店本店所在地,完工時1樓是兼松商店辦公室,2樓以上由其他事物所租賃使用。目前1樓店舖的室內空間還是可以約略看到兼松商店所在時期的樣貌。室內的天井裝設大型彩色玻璃,天氣晴好時,投射的光線讓室內空間籠罩在繽紛氣氛裡,晚上的戶外照明也讓大樓內夢幻無比。

神戶
栄町

# 清和大樓

## 清和ビル

📍神戶市中央區海岸通4-3-17

　清和大樓建於1950年代，外觀看起來十分機能性，是當時的建築思維，然而因雜貨店聚集，是栄町十分具有代表性的「雜貨大店樓」。走到大樓入口似乎就能嗅到「昭和」的味道，室內的郵箱、樓梯都透露出古老氛圍，共3層樓的雜貨小店各有特色。

神戶
栄町

神戶
旧居留地

# 高砂大樓

## 高砂ビル

☎078-331-1725　📍神戶市中央區江戶町100　🕐依店舖而異　㊡依店舖而異　🌐www.100ban.jp

　曾經在金城武主演的電影《死神的精準度》中登場的高砂大樓是由企業家李義招於第二次世界大戰時所建造，完工於1949年，充滿復古風情的大樓內如今進駐許多個人店舖與手作工房，帽子、復古二手衣、個性服飾等。

神戶
神戶港

神戶
旧居留地

# 神戶郵船大樓

## 神戶郵船ビル

☎078-332-9891　📍神戶市中央區海岸通1-1-1　🕐11:00~20:00　㊡不定休

　位於海岸通上的神戶郵船大樓正對著神戶港口，這裡曾是美國領事館的所在地，1918年時由日本郵船公司建造完成這棟近代設計風格的建築，不過卻在戰爭時損毀。到了1994年重建的郵船大樓相當符合舊居留地的風情，夜晚還會點燈，傾聽著港口船隻的汽笛聲，更添海灣氣氛。

# 煉瓦倉庫

☎依店舖而異　📍神戶市中央區東川崎町1-5-5　🕐依店舖而異　🌐www.kobe-renga.jp/

　一長排紅磚屋，保留百年前的外觀，十幾年前還像廢墟一樣，現在則成為每晚人聲沸騰的各式餐廳與啤酒屋，一群好友在頗復古的舊倉庫裡乾啤酒，特別溫暖熱鬧。廣場旁的橋到了晚上會點燈裝飾，是夏夜吹海風的好地方。

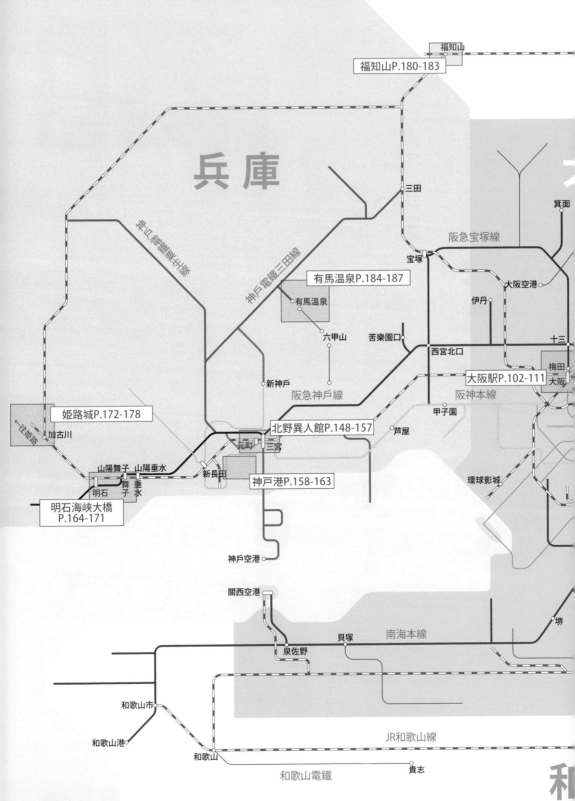

兵庫

福知山P.180-183

福知山

三田

箕面

阪急宝塚線

宝塚

大阪空港

神戸電鐵粟生線

神戸電鐵三田線

伊丹

有馬温泉P.184-187

有馬温泉

六甲山

苦樂園口

西宮北口

十三

大阪駅P.102-111

梅田
大阪

新神戸

阪急神戸線

阪神本線

甲子園

姫路城P.172-178

往姫路

加古川

北野異人館P.148-157

芦屋

環球影城

山陽舞子　山陽垂水

元町

三宮

明石

舞子

垂水

新長田

神戸港P.158-163

明石海峡大橋
P.164-171

神戸空港

關西空港

貝塚

南海本線

堺

泉佐野

和歌山市

JR和歌山線

和歌山港

和歌山

和歌山電鐵

貴志

和

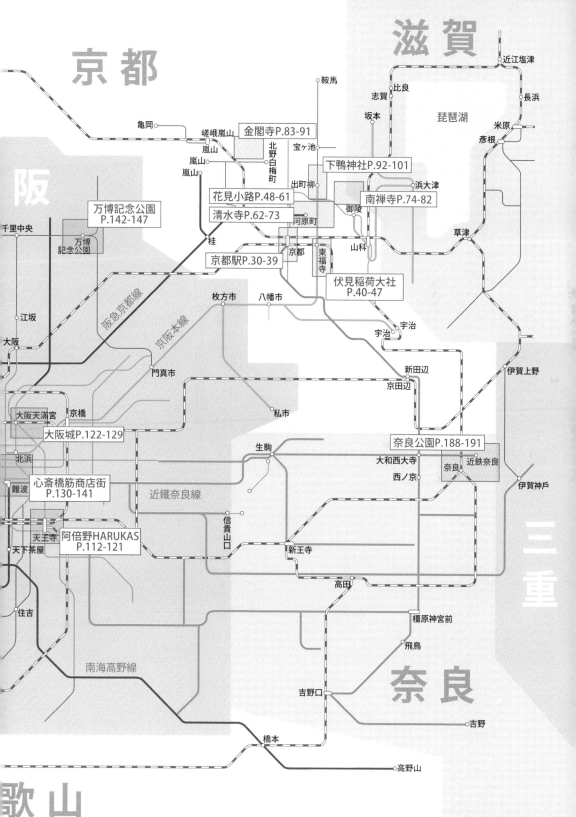

京都

滋賀

鞍馬

比良
志賀
坂本

琵琶湖

近江塩津

長浜

米原
彦根

亀岡

嵯峨嵐山

嵐山

嵐山

金閣寺P.83-91

北野白梅町

宝ヶ池

出町柳

下鴨神社P.92-101

浜大津

阪

花見小路P.48-61

御陵

南禅寺P.74-82

万博記念公園
P.142-147

清水寺P.62-73

河原町

千里中央

桂

京都

山科

草津

万博記念公園

京都駅P.30-39

東福寺

江坂

枚方市

八幡市

伏見稲荷大社
P.40-47

阪急京都線

宇治

宇治

伊賀上野

大阪

京阪本線

門真市

新田辺

京田辺

京橋

私市

大阪天満宮

大阪城P.122-129

北浜

生駒

奈良公園P.188-191

難波

大和西大寺

奈良

近鉄奈良

伊賀神戸

心斎橋筋商店街
P.130-141

近鐵奈良線

西ノ京

天王寺

信貴山口

三

天下茶屋

阿倍野HARUKAS
P.112-121

新王寺

住吉

高田

重

橿原神宮前

飛鳥

南海高野線

奈良

吉野口

吉野

橋本

高野山

歌山

029

京都玄關，車站直結購物百貨，
京都買物第一線，現代與古典合奏出京都新靈魂

王牌景點 1

京都：京都駅

> 充滿未來感的京都駅，結合空間藝術設計、交通運輸、住宿娛樂等功能，車站有自然採光的中庭咖啡座、屋頂展望台以及空中走廊。

MAP
P.32
A1

# 京都駅
きょうとえき／Kyoto Station

落成於1997年7月的京都駅空間廣大、設施先進，以嶄新高科技結構的外觀，讓來到京都探尋古都風味的旅客印象深刻。身為京都的交通樞紐，車站內有著許多體貼遊客的設施，車站內直結伊勢丹百貨，並有直通京都地下鐵的地下通道直通京都塔，八条口更有近鐵京都駅、利木津巴士乘車處，交通四通八達。車站周邊古寺磅礴而立，香道老舖和古老園林，隱藏在現代化的街道風景間，從京都駅開始，開始體驗京都市內古今融合的印象。

JR西日本京都線・湖西線・琵琶湖線・奈良線・山陰本線・嵯峨野線・關空特急はるか【京都駅】
JR東海東海道新幹線【京都駅】
近畿鐵道京都線【京都駅】
京都地下鐵烏丸線【京都駅】
京都公共巴士【京都駅前】

# Do YOU KnoW
## 京都駅歷經四代的大改建

作為京都的玄關口的京都駅開業至1877年，原為紅磚煉瓦建築，為新橋至橫濱的中繼站及起終點為神戶至京都；隨著使用率增加，在1914年進行第二次改建成文藝復興風格的兩層建築，直到1950年的一場大火摧毀該建築；時間來到1952年3月車站開始動工，並在翌年的5月開幕第一座現代化並擁有8層樓的全新京都駅；與時俱進，時光來到1997年，京都駅進行第四次的改建，為配合京都建築限高120公尺的法則，在各路建築大師原廣司、安藤忠雄及黑川紀章等人中，選出原廣司的設計，其將建築物高度控制於60公尺，細心注意到周邊環境協調性而雀屏中選。

### 造訪京都駅理由

1. 造訪京都的主要出入口
2. 車站連接多間百貨公司及購物地下街，伴手禮、和菓子逛好買滿
3. 高科技外觀與京都傳統建築展現古都新風貌

### 行李問題看這裡！

京都駅的中央口、八条口以及2樓的南北自由通路有許多可置放行李的置物箱，置放一天視置物箱大小約￥300~1000。

中央口地下一樓設有「Crosta京都Carry Service（キャリーサービス）」櫃台，無論行李大小每件￥800，以天計費，最多可放15天。

### 京都駅小檔案

**落成：** 1877年
**修復開幕日期：** 1997年
**設計者：** 原廣司
**材質：** 鋼骨及玻璃帷幕
**建築體：** 地上16層、地下3層，高59.8公尺

**至少預留時間**
地下街及周邊百貨購物：3小時以上
京都塔及周邊景點遊逛：半天

---

### 站內的觀光案內所

車站2樓有兩處案內所，一為「京都綜合觀光案內所」，這裡有許多旅遊資訊，可以拿到京都地圖，以及觀光、住宿及各類活動的情報，要是有旅遊上的問題，也可以詢問案內所櫃台的服務人員。另一個則是負責解決車內設施、找路等各式車站問題的「駅ビルインフォメーション」。

### 行程串聯京都塔

京都塔與JR京都駅烏丸中央口對面，一出站即可看見京都地標，從車站內部可利用京都地下鐵的地下通道步行至京都塔，是京都駅周邊最容易且快速的串聯景點。

### 巴士總站及觀光巴士

在京都旅遊搭乘巴士是最便利的交通方式，而巴士站牌多集中在中央口前廣場、巴士總站「京都駅前」，各路公車幾乎都會回到京都駅；這裡也可搭乘觀光巴士，相關行程可參考網站。
**k'loop巡遊巴士 kloop.jp**

# 來到京都駅不能不看的重點
## 以棋盤為設計理念的特殊空間

## 京都駅內設施

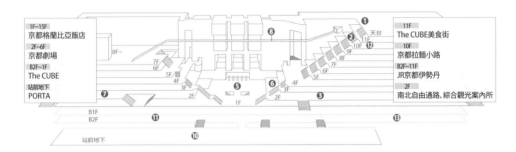

| | |
|---|---|
| 1F~15F 京都格蘭比亞飯店 | 11F The CUBE美食街 |
| 2F~6F 京都劇場 | 10F 京都拉麵小路 |
| B2F~1F The CUBE | B2F~11F JR京都伊勢丹 |
| 站前地下 PORTA | 2F 南北自由通路、綜合觀光案內所 |

## ❶大空廣場

　車站西面最頂的大空廣場，是眺望京都市街的最佳瞭望點。

## ❷大階梯

　共有171個台階的大階梯，是京都駅的代表景觀，隨著手扶梯愈升愈高，還真讓人會產生懼高症，其高低差為35公尺，距離為70分尺。

## ❸南北自由通路

　從車站2樓的通道可通往正面1樓的巴士搭乘處，連結有新幹線中央札口、一般改札口、可劃位買票的綠色窗口服務處、1樓的近鐵線、八条口的關西空港利木津巴士站，和伊勢丹百貨，且24小時開放通行，於2樓設有飲食商店街。

## ❹置物櫃

　京都駅內在多處設置放行李的置物櫃，中央口改札口內外、八条口、南北自由通路等皆設有大量置物櫃。

## ❺中央改札口

　中央改札口位在京都車站正門，是進入車站最大的出入口，也可由此進入新幹線改札口。改札口兩旁有自動售票機，以及可訂新幹線、特急車票、長途車票的綠色窗口，與可詢問JR鐵道資訊和預訂住宿的「鐵道案內所」。

## ❻京都觀光案內所

　可拿到京都地圖，以及觀光、住宿和各類活動的情報。

## ❼京都劇場

　位在京都玄關口的市民劇場，不定期上演各齣人氣劇場。

**一秒搞懂京都駅出口方向**
京都駅雖然大但並不複雜，主要分為北側中央口(前站)及南側的八条口(後站)，只要確認目的地在哪一側，照著指標前行，基本上不太容易迷路。

| 出口方向 | 主要景點 |
|---|---|
| 中央口 | 伊勢丹百貨、 PORTA地下商店街、京都劇場、旅客中心、京都塔、東本願寺、京都格蘭比亞大酒店 |
| 八条口 | 近鐵京都站 都城市酒店、京都八条 都酒店、AEON Mall、Avanti購物中心 |

## ❽空中通道

挑高的車站建築上方有一條長約185公尺的空中通道，其距離地面有45公尺，通道上方由玻璃覆蓋，透光性十足。

## ❾車站屋頂

車站內的挑高設計高度達29公尺，長147公尺，主體為鋼骨並分為三大區塊，在其安裝上4000片玻璃。

## ❿PORTA

位在車站地下層的PORTA 地下街中有各種店舖及京都多家土特產進駐，對於趕時間的旅客來説，可以立刻買到所需的商品。

## ⓫THE CUBE

占據共4層樓的面積分為11樓的美食、1樓京都菓子、B1F京名菓特產、與B2F的流行櫃位，有書店、藥妝、服飾與京都必買伴手禮。

# Do YOU KnoW
## 月台與對應路線

◎中央口
0號：北陸線(往北陸的福井・金澤)、高山線(往岐阜・高山)、琵琶湖線(往大津・草津・米原)、草津線(往大津・草津・柘植)、湖西線(往進江今津)
2、3號：湖西線、琵琶湖線
4號：JR京都線(往大阪・三宮)
6、7號：JR京都線、智頭急行線(往鳥取)、きのくに線(往和歌山・新宮)、關空特急HARUKA
8～10號：奈良線(往東福寺・宇治・奈良)
30號：關空特急HARUKA、山陰線特急(往福知山・東舞鶴)
31號：山陰線(特急，往福知山・天橋立・東舞鶴)
31～33號：嵯峨野線(往二条・嵯峨嵐山・亀岡・園部)
◎八条口
11、12號：東海新幹線(往名古屋・東京)
13、14號：東海道・山陽新幹線(往新大阪・博多)

## ⓬京都拉麵小路

集合日本最火紅的多家人氣拉麵店，將車站裡的人潮通通都給吸引過來。

## ⓭JR京都伊勢丹

於2008完成改裝，包括話題性十足的餐廳、咖啡館，到讓人更美更療癒感的美妝、雜貨小物一應俱全。

## ⓮京都駅入口

使用象徵著玄關口的「門」意象字，作為京都駅的大門口。

# 京都塔

京都塔是京都駅前最醒目的地標，建築以海上燈塔為藍圖所設計，蘊含著照亮京都古老城鎮的寓意。京都塔上有展望台，雖然只有100公尺高，但由於古都的禁建令，一般房舍都不高，所以從這裡可以360度欣賞京都的風景。

### 京都塔小檔案
啟用日：1964年12月28日
高度：131公尺
總重量：800噸
耐久性：風速90公尺/秒
容納人數：400人(展望室部分)
吉祥物：TAWAWA醬(たわわちゃん)

## Do YOU KnoW
### 京都第一地標：京都塔

比起東京鐵塔或晴空塔，高才131公尺的京都塔真的哈比一族，但在京都人心中可是第一高塔呢！相傳131公尺的高度是建造京都塔當時京都市的人口數131萬人而定，但真實情況是因根據當時的京都建築法規不能蓋超過31公尺的建築物，因而設計成31公尺的商業大樓加上100公尺的高塔，成就現在京都第一高塔。

帶著圓弧型的白色外觀，紅色頂端運用京町家的屋瓦為理念仿造海上波浪，讓不靠海的京都也能有燈塔指引方向，成為京都的著名城市地標。

☎075-361-3215
🏠下京區烏丸七条下ル東塩小路町721-1(JR京都駅正面)
🕐展望台10:30~21:00(入場至20:30)
💰展望台成人￥800，高中生￥650，國中小學生￥550，3歲以上￥150
🌐www.keihanhotels-resorts.co.jp/kyoto-tower/

## 細看京都塔

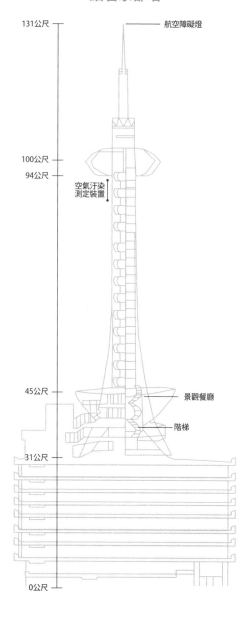

131公尺 —— 航空障礙燈

100公尺 ——
94公尺 ——
空氣汙染
測定裝置

45公尺 —— 景觀餐廳

階梯

31公尺 ——

0公尺 ——

## 京都塔裡走走逛逛～

**展望台**
高100公尺的展望台內可以免費使用望遠鏡，從南側能仔細欣賞進出京都駅的來往車輛，新幹線各系列車都難逃眼底。

**TAWAWA醬**
　京都塔的代表吉祥物「TAWAWA醬」(たわわちぇん)是京都塔為了記念開業40年而設計出來的可愛角色。她誕生自2004年6月1日，性格溫和，最愛吃美食和熱愛在跳舞，京都塔的的賣場可以買到許多她的商品！

**KYOTO TOWER SANDO**
於2017年4月開幕的KYOTO TOWER SANDO位在京都塔的地下一樓至二樓的三層空間，納入了美食、特色伴手與體驗，帶給旅客逛街的全新感受。

**七條甘春堂和菓子體驗教室**
在和菓子師傅的指導下，親手製作可愛的和菓子，最後再配上自己打的抹茶一起享用。

**KYOTO TOWER SANDO人氣買物**
以MARKET為主題的KYOTOTOWER SANDO 1樓，光從挑選的店家就能看出品味出眾，不論找伴手或是為自己挑禮物都適合。

·六角館さくら堂 櫻筆系列
眼影刷￥1980
腮紅刷￥3190
　粉餅刷￥3960
柔和可愛的粉紅櫻花圖案，搭配含粉量好且易上色的優質毛刷。

·京都しゃぼんや（京都皂坊）護唇膏
￥1650
純天然無添加的護唇膏，有咖啡、抹茶、胡麻薄荷、巧克力、八橋、蜂蜜等有趣口味，是超人氣伴手禮。

## 在京都駅周邊還有什麼好玩的景點呢？
## 從新穎到古典正是京都給人的神祕況味

<br>

卍 **MAP P.36 A1** 東寺

五種塔是日本最高的木造建築。高達54.8公尺的

**如何前往**

近畿鐵道東寺駅徒步約10分；JR京都駅前搭乘
市巴士16、19、78、42往東寺方向

**info**

☎075-691-3325 ♀南區九條町1 ⊙
5:00~17:00，金堂、講堂8:00~17:00(入堂至
16:30)，寶物館、觀智院9:00~17:00(入館至
16:30) ⊙自由參拜；金堂、講堂成人￥500，高
中生￥400，國中生以下￥300；寶物館、觀智院
高中生以上￥500，國中生以下￥400；特別公
開或特別拜觀期間：五重塔初層內部、金堂、講
堂成人￥800，高中生￥700，國中生以下

￥500；寶物館、觀智院高中生以上￥500，國中
生以下￥300 ⊕www.toji.or.jp

　東寺的正式名稱為教王護國寺，建於平
安京遷都時期，現在的建築是距今約500年
前的江戶初期，按照奈良時代的伽藍堂宇
所重建，於西元1994年被登錄為世界遺產。

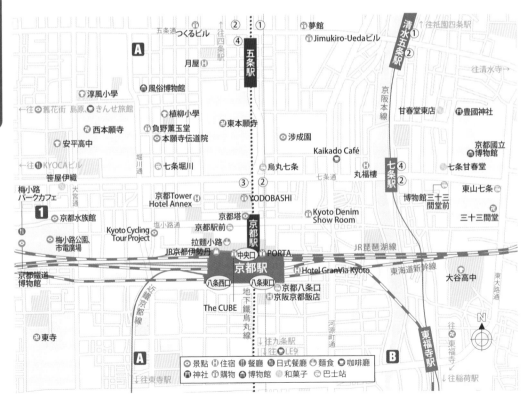

京都：京都駅

## 弘法市

每月21日是弘法大師的忌日，在東寺境內都有俗稱「弘法市」的市集舉行，各式攤販約上千家集中在此，叫賣的商品從古董雜貨如陶瓷器、書畫、二手和服、舊書和佛器、小吃到盆栽、新鮮蔬果等什麼都有，如果旅行途中恰巧遇上21日的話不妨來逛逛。

🌏www.touji-ennichi.com

## 梅小路公園

MAP P.36 A1

**如何前往**

JR京都駅中央口塩子路通方向往西徒步15分；JR京都駅前搭乘市巴士急行86、88「七条大宮・京都水族館前」、「梅小路公園・京都鐵道博物館前」下車，或205、208「梅小路公園前」下車

**info**

📍下京區觀喜寺町56-3 🌏www.kyoto-ga.jp/umekouji/

　鄰近京都駅的梅小路公園，可說是京都人最常去的地方，因為這裡不僅是公園，光周邊各式設施齊聚，加上鄰近還有比東京築地歷史更老的市場，可以尋找海鮮美味。每月一次的梅小路市集更是人潮滿滿。

坐上市電廣場的鏘鏘電車巡禮公園風景。

## 京都鐵道博物館

2016年四月底開幕的京都鐵道博物館，已經成了最新鐵道文化的教育新展場，館內已一具大型的扇形車庫為主要展場，連接主樓的展覽設施，展示著館場主旨「與在地共進的鐵道文化據點」。館內收藏有大量的鐵道文獻歷史資料，提供來訪者深入研究京都鐵道的歷史與文化，或是來到體驗區搭乘一段蒸汽火車之路，不論大人小孩來此都能盡到學習育樂相長的歡樂時光。

📞0570-080-462 🕐10:00~17:00(入館至16:30) ❌週三(週假日及春假、暑假照常開館)、年末年始(12/30~1/1) 💰成人￥1200，大學高中生￥1000，國中小學生￥500，3歲以上￥200，場內蒸汽火車搭乘券高中生以上￥300，國中生以下￥100 🌏www.kyotorailwaymuseum.jp/tc/

## 京都水族館

弧線型的山水造景槽，這是京都水族館最想介紹給大家的「京都河川生態區」，三面環山的京都盆地，有鴨川、桂川等十多條河流貫通。「水族不應該只有海洋生物」，京都水族館負起的教育責任，就是將源泉一滴匯流至汪洋大海、生物共生的生態體系，完整地介紹給內陸的孩子們。

📞075-354-3130 🕐10:00~18:00(1~2月至17:00)、4~11月、8月週六日9:00~20:00；入館至閉館前1小時 💰成人￥2200，高中生￥1700，國中小學生￥1100，3歲以上￥700 🌏www.kyoto-aquarium.com

## 梅小路パークカフェ Umekoji Park Cafe

位於公園內的鏘鏘電車的車站旁，以落地玻璃引入大量公園景致，這裡以當日直送的新鮮京野菜、自家製甜點及咖啡等頗受好評，豐富的菜單，從外帶野餐盒、內用各式餐點、早餐、兒童餐及飲料，或想來一支冰涼霜淇淋通通有。

📞075-352-7660 🕐9:00~17:30(L.O.)，11~2月至17:00(L.O.)；週六日至18:00(L.O.) 💰京野菜PIZZA￥980，飲料￥300起 🌏www.u-parkcafe.com

# 這次來京都不吃京料理，改到老屋品嚐咖啡。

Kaikado Café
咖啡
¥850起
茶類
¥850起
推薦菜

## Kaikado Café

老洋樓咖啡

🏠 下京區河原町通七条上ル住吉町352

開化堂是京都知名的老舖，專賣手工茶筒，每個要價不斐。由這樣老舖所開設的咖啡廳，每一個小細節都十分講究。改建自京都市電的車庫兼事務所，洋式建築十分古典，室內則大量運用木質與金屬，配上北歐風格桌椅、京都職人工藝器具，和洋融合出自我風格。店內提供的餐點也絕不馬虎；採用中川鱷魚(中川ワニ)的咖啡品牌、倫敦Postcard Teas的紅茶、利招園茶舖的日本茶與丸久小山園的抹茶，滿足客人的每一個需求。

🔸P.36B1 🔹JR京都駅徒步約9分，京阪電鐵七条駅徒步約5分 ☎075-353-5668 🕐11:00~18:30(L.O.18:00) 🈹週四、第1個週三、夏季臨時休業、年末年始 🌐www.kaikado-cafe.jp

O2 Café(MARNI CAFE)
鯛魚燒
¥400起
推薦菜

## O2 Café(MARNI CAFE)

老屋新生

🏠 京都市下京區五条通新町西入西屋町25 つくるビル2F 202号室

O2 Café所在的つくるビル是一棟超過50歲老公寓，位於2樓的咖啡廳布置相當舒適，老闆料理手藝了得，以京都美味食材烹調出各式創意菜，當然若錯過用餐時間，這裡也是喝咖啡享受安靜一隅的好去處，記得多點上一條熱門必吃甜點鯛魚燒。

🔸P.36A1 つくるビル 🔹京都地下鐵烏丸線五条駅2號出口徒步約3分 ☎075-344-0155 🕐11:30~16:00，鯛魚燒14:00~售完為止 🈹週一、日、不定休 🌐www.instagram.comm arunicafe/?igshid=pz2vj53smltu

きんせ家屋
咖啡
¥500
推薦菜

## きんせ旅館

旅館老屋

🏠 下京區西新屋敷太夫町79

曾經作為經營「揚屋」(有藝妓陪同飲酒做樂的料亭)之處，歷經數代的改建，內部裝飾也隨時代移轉有了不同趣味。超過250年歷史的老屋，整建後成了旅館兼具咖啡屋的空間，一推開門，室內印象立即從日式轉變成大正時代浪漫歐式風格，一旁的咖啡烘焙作業，讓咖啡香飄散整個室內空間中，到了晚上也適合來此小酌一杯。

🔸P.36A1 🔹JR丹波口駅徒步10分 ☎075-351-4781 🕐Café 17:00~0:00(L.O.23:30) 🈹週二 🌐www.facebook.com/kinseryokan、kinseinn.com/

# H 住在京都駅附近超方便，又有哪些風格住宿可選擇呢？

©丸福樓

©丸福樓

## 丸福樓
老屋飯店

🏠 下京區正面通加茂川西入鍵屋町342

這棟1930年位於京都鍵屋町的老建築，外型結合昭和初期洋式建築風格，是任天堂誕生的地方，也是創業者山內一家子居住的所在。獲得新名稱的「丸福樓」在2022年全新開幕，過去建樓時設計的特色，在建築大師安藤忠雄的巧思下，窗架上鏤空雕花、牆面上的雲彩花卉，都選自花牌上的圖樣，也是暗藏在丸福樓裡的各種花牌痕跡。門面上的丸福標誌，沿用了任天堂前身「株式會社丸福」的商標，飯店內處處可見刻意保留下來的舊時風華，同時以新時代低調時尚的嶄新風貌，為京都帶來一陣驚嘆。

📍P.36A1　🚉JR京都駅徒步約15分，京阪電鐵七條駅徒步約6分　☎075-353-3355　🕐check in 15:00，check out 12:00　💴二人一室一泊三食 ¥59400起　🌐marufukuro.com

## 月屋
在地民宿

🏠 下京區新町通五條下る蛭子町139-1

由知名的guest house 錺屋主人所經營的二號店，是間有著泡澡空間、提供手作早餐、並且一日限定四組客人入住的B&B民宿。建築改建自九十多年歷史的老町家，從建材細節到室內布置，在在能感受到於京都出生長大的主人，對傳統物件與生活的愛惜之情。

📍P.36A1　🚉JR京都駅徒步約12分，地下鐵烏丸線五條駅徒步3分　☎075-353-7920　🕐check in 16:00~21:00，check out 11:00　🌐tsukiya-kyoto.com

## HOTEL GRANVIA KYOTO
美景飯店

🏠 下京區烏丸通塩小路下ル (JR京都駅中央口)

HOTEL GRANVIA KYOTO除了地利之便外，更擁有充滿京都故事的許多客房。其中最推薦的，當屬正對京都塔的豪華套房「眺洛」(Choraku-Suite)，別名「古都の棲家」，是京都名空間設計師杉木源三先生的作品。面北的大片落地窗，沉浸滿室暖陽；遠山錯落、層疊出煙雨朦朧，是專屬於眺洛主人的山水畫軸。

📍P.36B1　🚉JR京都駅中央口直結　☎075-344-8888　🌐www.granvia-kyoto.co.jp

豐收稻荷總本社
千本鳥居的壯麗景色
絕對是不能錯過的景點！

伏見稻荷大社是全日本四萬多座稻荷社的總本社，香火之鼎盛可想而知，境內隨處可見口中叼著稻穗或穀物的狐狸，每隻表情都不同，值得細看。

京都‧伏見稻荷大社

**造訪伏見稻荷大社理由**

1 稻荷山上令人嘆為觀止的一萬座紅色鳥居

2 祈求生意興隆、願望達成的好所在

3 攻上稻荷山將京都市景色盡收眼底

## 伏見稻荷大社

MAP P.44 A2

ふしみいなりたいしゃ｜Fushimiinaritaisha

　　日文中「稻荷」(いなり，inari)指的是管理、保佑五穀豐收、生意興隆的神祇，而伏見的稻荷大社更了不得，是全日本四萬多座稻荷社的總本社，香火之鼎盛可想而知。伏見稻荷大社內，到處看得到口中叼著稻穗或穀物的狐狸，高高在上，接受人們的膜拜與禮敬，每隻的表情都不同，值得細看。除了本殿和奧社之外，穿過千本鳥居至後方的整座稻荷山也都屬伏見稻荷大社的範圍，一路上滿是大大小小的神社、五花八門的大明神和不同年代留下的石碑或石祠。

JR西日本奈良線【稻荷駅】
京阪電車京阪本線【伏見稻荷駅】
京都公共巴士南5【稻荷大社前】

075-641-7331
伏見區深草藪之內町68
自由參觀 自由參拜 inari.jp

# Do YOU KnoW

## 狐狸與豆皮壽司的奇妙國度

據說稻荷大神的御前使者是狐狸，所以在伏見稻荷大社中隨處可見狐狸塑像供人膜拜。在日本傳統文化中，認為狐狸最喜歡吃的東西是炸油豆皮，於是人們將炸油豆皮當成供禮獻給神明。伏見稻荷附近的人們將油炸豆皮加以燉煮成甘甜好滋味，包上壽司米做成三角型，變成受歡迎的豆皮壽司。

怎麼玩伏見稻荷大社才聰明？

搭電車前往更方便

可搭JR、京阪電車或巴士前往，不過巴士班次較少，搭乘京阪本線至伏見稻荷駅下車後，往東走去會先經過名店寶玉堂，再越過JR的鐵路後，便進入伏見稻荷大社的境內參觀重點。

參加祭典

7月有本宮祭，千本鳥居掛滿紅色燈籠形成壯麗的萬燈夜景是盛夏裡的風物詩；11月有為感謝豐收的火焚祭，可上官網查詢四季祭典。
🌐inari.jp

一日洛南之旅達成

伏見稻荷大社地處洛南地區，不如順勢安排一日的洛南行程，腳步從宇治開始再到清酒產地伏見桃山、伏見稻荷大社；如是秋天到訪記得將東福寺排進行程，欣賞炫麗秋楓。

### 伏見稻荷大社小檔案

**主祭神**：宇迦之御魂大神(掌管食物的神祇)
**創建年份**：和銅4年(711年)
**占地**：87萬平方公尺
**例祭**：5月3日(稻荷祭)
**鳥居總數**：近一萬座

至少預留時間
伏見稻荷大社參拜：3小時
伏見稻荷大社周邊店家用餐：1小時
東福寺參觀：2小時

### 電影與動漫經典場景

來到伏見稻荷大社的人可說都是衝著為數眾多的「千年鳥居」而來，近一萬座的朱紅色鳥居並排在參道上，彷彿沒有盡頭般充滿神秘感，而成為電影及動漫題材，像是描述京都藝妓的《藝伎回憶錄》，或是日本動畫《名偵探柯南》、《狐仙的戀愛入門》、《此花亭綺譚》等。

# 走一遭伏見稻荷大社，解開神社之謎～

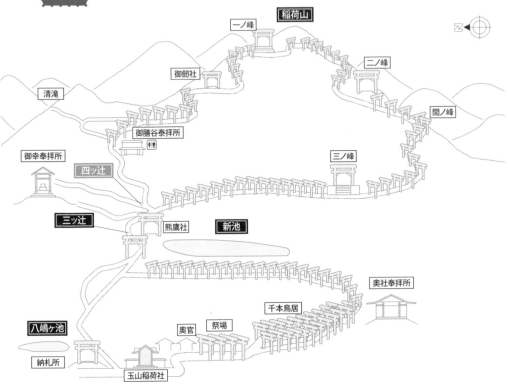

稻荷山

一ノ峰

二ノ峰

御劔社

間ノ峰

清滝

御膳谷泰拜所

三ノ峰

御幸奉拜所

四ツ辻

三ツ辻

熊鷹社

新池

奧社奉拜所

八嶋ヶ池

奧官 祭場

千本鳥居

納札所

玉山稻荷社

京都‧‧伏見稻荷大社

## 樓門

伏見稻荷大社的門面，相傳由豐臣秀吉在天正17年(1589)下令建造。樓門兩旁各自立著嘴裡叼著鑰匙及玉石的狐狸石像。

### 正殿

據說正殿原址於稻荷山上，後因經戰火遭燒毀，目前正殿是於明應8年(1499)重建。正殿已列為日本重要文化財。

### 御山巡

來到伏見稻荷，除了參拜本殿和奧社之外，後方的整座稻荷山也都屬伏見稻荷大社的範圍，參道上有著大小的神社、大明神和不同年代留下的石碑或石祠，來回約4公里，繞行全山約需2小時。繞山行程盛行自平安時代，稱為御山巡。想要實行的人，千萬記得要穿著輕便好走的平底鞋前往，記得山上天黑得很快，夏天約16:00後，冬天約14:00後就不要再往後山走去了，以免摸黑下山。

**大社境內是阪神甲子園的22倍大**

稻荷山位在京都的東山36峰最南端，稻荷山又以伏見稻荷大社占大部分，包含西麓一帶境內共有87萬平方公尺；有一說是神戶阪神甲子園場地約39,600平方公尺，大社面積換算起來可有甲子園的22倍之大呢。

# Do YOU KnoW

## 神社、神宮？差別是什麼？

日本神社不僅是當地信仰中心，也是觀光重點，但神宮、大社、宮等「社號」到底有什麼不同呢。

**1 神宮**：主神通常為皇室祖先、天皇，或是對大和平定有顯著功績的特定神祇，最出名的就是祭祀天照大神的三重伊勢神宮。要注意若是只講「神宮」二字，那就是指伊勢神宮喔。

**2 大社**：起源當然就是島根的出雲大社，後來也用來稱呼獲得全國崇敬的神社，比如奈良春日大社、長野諏訪大社等，通常是同名神社的本家。

**3 宮**：一般也與皇族有關係，通常是祭祀親王，但有些供俸歷史人物的神社也會稱作宮，比如供奉菅原道真的天滿宮或祭祀德川家康的東照宮。

京都：伏見稻荷大社

此風俗自江戶時代開始普及，而你知道供奉鳥居的價位也會依排列順序有所不同嗎？據說最便宜的鳥居是5號為¥175,000，最貴則是10號，金額高達130萬。

## 千本鳥居

伏見稻荷大社境內約有一萬座的紅色鳥居，其中又以本殿通往奧殿的一段最為密集；這段充滿神秘感、綿延不盡的紅色甬道，被稱為「千本鳥居」。其鳥居來參拜人們祈求「實現心願」，或表示感謝「已實現心願」而供奉。

## 四ツ辻

沿著參道徒步走上稻荷山，可在四ツ辻稍作休息，眼前的京都市景色是休息時最美的陪伴。

## 墓塚

自正殿到稻荷山山頂來回全程約4公里，路途中除了赤色鳥居，還可看到參道邊坐落著萬座墓塚，石碑上刻上眾神明名字，以供信徒參拜。

## 仁志むら亭

攻上稻荷山山頂時會看見創業於元治元年(1864)的「仁志むら亭」茶屋，吃點日式甜點與涼水補充體力。

# 逛完伏見稻荷大社留點時間逛逛周邊店家，買點伴手禮或再走遠一點看看不同的風景～

餅和裡面有籤的鈴鐺煎餅都是人氣商品。可愛的狐狸面具煎餅

⊙⊙⊙ **MAP P.44 A2** 寶玉堂

**如何前往**
JR稻荷駅徒步3分，京阪電車伏見稻荷駅出口2即達
**info**
☏075-641-1141 ⊙伏見區深草一ノ坪町27 ▽
7:30~19:00 ⑤小きつね煎餅(小狐狸煎餅)5枚
¥650

　若從京阪電車的伏見稻荷駅要走至伏見稻荷大社的話，越過鐵道馬上能聞到一股烤煎餅的香味，寶玉堂的煎餅加入白味噌，口感不甜膩，帶點些微焦香味，再加上煎餅是狐狸面具形狀，實在很能代表伏見稻荷的在地伴手禮！

手工現烤的一片片仙貝，人潮多時要花點耐心排隊。

⊙⊙⊙ **MAP P.44 A2** 寺子屋本舖

**如何前往**
JR稻荷駅徒步2分，京阪電車伏見稻荷駅出口2
徒步3分
**info**
☏075-643-0050 ⊙伏見區深草稻荷御前町
65 ▽9:30~17:00 ⑤手燒「昔しょうゆ」(古早醬油味仙貝)¥140

　位在伏見稻荷大社參道商店街上的寺子屋本舖，是聞名全京都的烤仙貝專賣店。烤仙貝口味眾多，從最普通的醬油、海苔，到季節限定的柚子胡椒、激辣口味等，應有盡有。

京都：伏見稻荷大社

↑往京都駅
A いづ松
毘沙門堂 勝林寺
観音堂
泉涌寺
雲龍院 1
東福寺
芬陀院
竹情荘
JR奈良線
阿保親王塚
懷石カフェ
蛙吉
伏見稻荷参道茶屋
竹情荘
日野家 あさば池
寺子屋本舖
伏見稻荷大社
寶玉堂
京料理玉家 千本鳥居
裃ざめ家
荒木神社
新池
仁志むら亭
2

⊙景點 ⊕神社 ⑪日式餐廳
⊙咖啡廳 和菓子

## 日野家

MAP
P.44
A2

**如何前往**

JR稻荷駅徒步3分，京阪電車伏見稻荷駅出口2徒步4分

**info**

☎075-641-0347 ♠伏見區深草開土町1 ⊙ 9:00~18:00 ❻不定休 ⊜いなり(豆皮壽司)6個 ¥780

伏見稻荷的名物非豆皮壽司莫屬；京都人管豆皮壽司叫お稻荷さん，一般日本人稱為稻荷壽司，來到伏見稻荷可千萬不能錯過這地方美味。日野屋是間專賣當地料理的小店，創建於大正5年，提供多樣化的美味餐點，除了必吃的稻荷壽司之外、烏龍麵、蕎麥麵等也廣受好評。

紅葉季絕對是必來的賞楓名所。

## 東福寺

MAP
P.44
A1

必欣賞由重森三玲所設計、充滿現代感的名庭。

**如何前往**

京阪電車京阪東福寺駅或JR東福寺駅徒步約10分；JR京都駅前搭乘市巴士202、207、208「東福寺」、「泉涌寺道」下車

**info**

☎075-561-0087 ♠東山區本町15-778 ⊙ 4~10月9:00~16:00(16:30關門)，11~12月第1個週日前8:30~16:00(16:30關門)，12月第1個週日~3月底9:00~15:30(16:00關門) ⊜本坊庭園成人¥500，國中小學生¥300；通天橋・開山堂成人¥600，國中小學生¥300；本坊庭園・通天橋・開山堂成人¥1000，國中小學生¥500 ⊛tofukuji.jp/

耗費19年建成的東福寺，列名京都五山之一，原本兼學天台、真言和禪等宗派，多次經火燒後，現在則屬禪寺，為臨濟宗東福寺派的大本山。論京都紅葉，東福寺排名在清水寺之前，尤其是通往開山堂的通天橋和洗玉澗，數千株的楓樹，火紅遮天。東福寺方丈內苑東西南北各有巧妙不同的庭園配置，稱為八相庭，是重森三玲在1938年的作品，也是近代禪宗庭園的代表作。

# 串·聯·行·程 伏見

位在京都市南方的酒藏之町伏見，有著與古都截然不同的地方風情。因為擁有泉質良好的地下水，使得伏見成為美味清酒的主要產地，更因為大河劇「龍馬傳」的播出，吸引劇迷專程前來追尋坂本龍馬的足跡。

◎利用京阪電車串連伏見稻荷大社到伏見的行程。
◎近畿鐵道京都線桃山御陵前駅下車即達。
◎京阪電車京阪本線伏見桃山駅‧中書島駅下車即達。

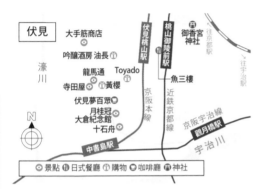

**伏見**

大手筋商店
吟釀酒房 油長 ⑪
龍馬通
寺田屋 ● ⑪黃櫻
伏見夢百眾 ●
月桂冠
大倉紀念館 ●
十石舟 ●

伏見桃山駅
桃山御陵前駅
御香宮神社 ⑪
魚三樓

濠川
Toyado
京阪本線
近鉄京都線
京阪宇治線
中書島駅
觀月橋駅
宇治川
往京都駅
往宇治駅

N

◎景點 ⑪日式餐廳 ⑪購物 ◎咖啡廳 ⑪神社

京都：伏見稻荷大社

## ◎ 龍馬通

info

⌖伏見區塩谷町

龍馬通指的是寺田屋前的一條道路。相傳當時龍馬遭襲逃命時，就是沿著這一帶的屋簷奔走，因此這一條小路又被叫作龍馬通。不同於長崎的龍馬通，現在這裡沿路都是一些日式小店，平常日人潮不多，是一條古樸的商店街。

## ⑪ 油長

info

☎075-601-0147 ⌖伏見區東大手町780 ◷10:00~20:00 (L.O.19:30) ㊡

週二(遇假日營業至17:00，順延翌日休) ⑤日本酒試飲猪口單杯￥160起 ◉aburacho.jp/

位於大手筋商店街上的油長，販賣伏見的酒藏們所生產的美味地酒，琳瑯滿目的美麗酒瓶將小店塞得滿滿的，有著別處少見的珍品。店家內側則是提供日本酒和葡萄酒的吟釀酒房和葡萄酒房。尤其吟釀酒房，是少處可以從80種以上的伏見地酒裡，挑選自己喜愛品項的地方，一組三小杯的試喝組合，可以淺嘗不同日本酒的風味。

誰是坂本龍馬？
坂本龍馬(1836~1867)是日本一名家喻戶曉的悲劇英雄，很巧的是，他的生日與忌日都是同一天(11月15日)，更加深他的傳奇性。坂本龍馬在政治上並沒有太顯赫的地位，但他對鼓吹「廢幕府迎天皇」可說是不遺餘力，不但促成討幕軍的結合，也到處宣揚日本必須加速成為現代化國家的理念。對日本近代有關鍵性影響的「大政奉還論」也是由坂本提出。由於他極力主張政權應由幕府交回到天皇手中，因此當時的德川將軍對他絕對是去之而後快，就在明治維新的前夕，坂本被刺身亡，未能親眼目睹自己一生志業有了結果就英年早逝。

##  御香宮神社

info

📞075-611-0559　🏠伏見區御香宮門前町174
🕘9:00~16:00　🚫石庭不定休　💰自由參拜；石庭
成人￥200，學生￥150　🌐gokounomiya.
kyoto.jp/

　原本名叫御諸神社的御香宮神社，因為
在貞觀4年(862)境內忽然湧出香氣四溢
的「御香水」而得名。喝起來甘甜柔軟的
御香水，據說能治百病，因此在神社裡常
能見到排隊取水的日本人，大殿前有虔誠
祈禱的年輕夫妻，也有帶著小嬰兒來接
受祝福的家族。另外，神社也幸運逃過戰
火，保留下來的表門和本殿，能令人感受
桃山文化的絢麗風華。

御香宮神社是以保佑安產聞名的神社。

懷舊的釀酒設備帶人回到過去，了解日本酒文化。

##  月桂冠大倉紀念館

info

📞075-623-2056　🏠伏見區南浜町247　🕘一般
見學9:30~16:30(入場至16:00)　🚫盂蘭盆節、
12/28~1/4　💰一般見學20歲以上￥600，13~19歲
￥100，12歲以下免費；13歲以上有附贈禮品，20
歲以上附贈3種清酒試喝　🌐www.gekkeikan.
co.jp/enjoy/museum/　❶月桂冠的酒藏「月桂
冠酒香房」就在大倉紀念館旁，在冬季製酒期也
有開放見學參觀，須在見學日前二天16:00前至
官網預約

　將近四百年歷史的清酒品牌「月桂冠」
出身伏見，在1987年月桂冠將過去的酒
藏建築開放為月桂冠大倉紀念館，是京
都市指定的有形民俗文化財。連棟的木
造建築內，可以看到傳統藏元裡的各種
設備與用具、昔日酒藏的照片和月桂冠歷
年來的海報、酒瓶包裝等，在出口處還提
供3種月桂冠的酒類試喝。

穿越時空在古老花街尋覓藝妓優美身影，
一場與舞妓的感動相遇

王牌景點 ❸

運氣好的話，街巷也常能見到踩著碎步、抱著琴盒，在茶屋間穿梭趕場的藝妓或舞妓。

京都：花見小路

**造訪花見小路理由**

❶ 欣賞最傳統的京都茶屋之美

❷ 石坂巷弄中巧遇藝妓，來場美麗邂逅

❸ 買買京味小物，品嚐美味老店與甜品

MAP
P.54
C3

# 花見小路
はなみこうじ／Hanamikouji

　祇園，是京都過去最主要的花街，也就是藝妓、舞妓們出沒的風月場所，現在則是最讓觀光客著迷之處，花見小路是日本名氣最大的花街，精華區主要在四条通南面的一段。以紅殼格子的一力茶屋為起點，可以南行抵達春舞表演的祇園甲部歌舞練場和傳統藝能表演的祇園藝場。藝妓們表演的茶屋和高級料亭在林立花見小路兩旁，隨意折進兩旁巷弄，更能在大門深鎖的木造茶屋間，感受到這裡獨特神秘的氛圍。

京都地下鐵東西線【三条京阪駅】
京阪電車京阪本線、鴨東線【三条駅】
京阪電車京阪本線【祇園四条駅】
京都公共巴士【祇園】、【東山安井】

# Do YOU KnoW

## 花街和藝妓的起源

花街為藝妓們生活、活動的地方。室町時代時，八坂神社、建仁寺、北野天滿宮等社寺因為參拜客眾多，吸引販賣茶水點心的水茶屋在此開業，裡頭工作的女服務生稱為茶汲女或茶立女。慢慢地，水茶屋除了點心也開始供應酒水宴席，茶汲女也學習歌舞，以在宴會上表演娛賓，成為花街和藝妓的起源。

### 祇園祭

每年七月舉行的祇園祭至今已有千年歷史，與葵祭、時代祭並列為京都三大祭，更是日本最具代表性的祭典之一。祇園祭從7月1日開始，時間長達整整一個月，重頭戲「山鉾台車」乃是遵循古法製造而成，高達十數公尺的台車全以木材與繩索組合綑綁，不用半根釘子。鉾車車頂插著象徵消除疫病的長矛，四周飾以華麗繁複的織錦，車上可坐人演奏樂器。7月17日的「山鉾巡行」，是台車遊行市區的日子，一大群人要讓一台台巨大的山鉾車在街上前行、轉彎，可說是一項艱鉅工程，祭典也在這一天到達最高潮。

祇園的街道上可找到許多傳統風味的甘味店，其中又以茶寮都路里的抹茶聖代最有人氣。

ℹ️
📍東山區祇園町南側　●自由參觀

⌄
至少預留時間
花見小路和服體驗+拍照：3小時
祇園商店街：2小時
花街看藝妓表演：2小時

穿上和服走進密密麻麻的小路中，探索京都最傳統的老街風味，感受一天京都人的浪漫情懷。

---

怎麼玩花見小路才聰明？

### 搭乘巴士更方便

從祇園巴士站下車沿著四条通往西徒步約2分就能看到花見小路通，兩旁盡是京風濃濃的町家建築，有許多真假藝妓在此散步，往南徒步3分就可以看到建仁寺。

### 美麗櫻花祭

沿著鴨川旁的川端通往北徒步，遇上白川水道轉往東徒步約3分就是祇園風情濃濃的白川地區，櫻花季節一定要造訪。

### 順遊河原町或清水寺

越過鴨川即是京都最熱鬧的繁華街，四条通、河原町通與烏丸通、三条通，或是從清水寺再接上產寧坂、二年坂、高台寺、八坂神社，一路由上而下，輕鬆遊逛到祇園地區，盡情體驗最純粹的京都風情。

京都：花見小路

# 走進神秘花街世界，
# 一睹藝妓與舞妓的魅力風采

想在花見小路巧遇藝妓不容易，不如大膽的踏進料理旅館，邊吃飯邊看藝妓表演，和藝妓一起玩遊戲，聊天拍照、與舞妓晚餐，讓人有種走進電影場景的夢幻錯覺。

## 如何分辨舞妓與藝妓

### 舞妓

**頭髮**
頭髮是真髮，梳好後一次會維持一星期。

**髮飾**
頭上的髮飾非常華麗，尤其會佩戴長長的花簪。

**口紅**
出道一年內的舞妓口紅只塗下半唇。

**內衿**
內衿的領口有紅色花紋，會依照資歷換成越來越接近白色的內領。

**和服樣式**
和服樣式華美，圖案俏麗。

### 藝妓

**髮飾**
頭上髮飾只有簡單的髮簪。

**頭髮**
頭髮是假髮，並固定是「島田髻」樣式。

**口紅**
口紅上下兩唇都塗。

**內衿**
內衿的領口為純白的衣領。

**和服樣式**
和服樣式樸素，多為單色。

**能見到藝妓的地方**

京都現在共有五處花街，分別是：祇園甲部、祇園東、先斗町、宮川町和上七軒。但由於藝妓們白天忙著上課、晚上則在茶屋間奔波，在花街上實際遇到的機率並不高。若想見到藝妓，不妨鎖定傳統活動：2月初節分祭時，八坂神社會邀請藝妓表演並分送福豆，2月25日北野天滿宮的梅花祭則有上七軒的藝妓現身舉辦戶外茶會，另外在祇園祭、時代祭上也會有藝妓出現在祭典行列中。

## 體驗選項有這些

・彌榮會館祇園角(Gion Corner)
☎075-561-1119 ◎東山區祇園町南側570-2 ◎18:00、19:00，12~3月第2週僅週五~日極佳日開演，演出時間約50分 ⊗7/16、8/16、12~3月第2週週一~四、12/29~1/3 ⑤大人￥3150、高中大學生￥2200、國中小學生￥1900 ⊕www.kyoto-gioncorner.com/global/tw.html ❶個人不需預約，團體(20人以上)需網路預約

・お茶屋富菊
☎075-561-0069 ◎東山區祇園町北側347 ⑤依方案而異 ❶需一週前電話預約

・祇園甲部歌舞練場
祇園甲部歌舞会
☎075-541-3391 ◎東山區祇園町南側570-2 ◎約4/1~4/30公演，一天3場(依公演節目而異，詳見官網) ⑤一般門票成人1~2F￥6000，3F￥4000(依公演節目而異，詳見官網) ⊕www.miyako-odori.jp

# Do YOU KnoW

## 看懂舞妓的演出

如想看舞妓演出不妨到祇園角(Gion Corner)，固定由祇園甲部的現任舞妓擔綱，是少數能見到真正舞妓的地方之一。約10分鐘的京舞，表演曲目是舞妓們必修的《祇園小唄》和《六段くずし》。值得一提的是現場表演的京舞井上流，從前是在皇室貴族前表演的舞蹈，受能劇影響，動作僵直靜態，主要是以上半身的眼神、頭頸與手勢等做出細膩表情，並以優雅端凝、含蓄莊重為其特徵。

欣賞舞技之餘，也能細細觀賞舞妓們身上華麗的行頭，完美展現出傳統工藝。

只限在祇園花街流傳的京舞流派，即使到了別處花街，同一首曲調也會是完全不同的跳法，相當有趣。

---

## 舞妓的穿著

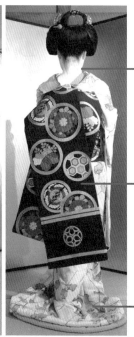

舞妓頭上華麗的花簪(花かんざし)以純手工製作，會依照季節、月份做變化。

比一般更大的帶留稱為「ぽっちり」，大多是代代相傳的古董。

和服是典雅的京友禪，有華麗的長袖。

脖子處的白粉會刷出兩個V形，稱為「おしろい」，目的是為了讓脖子看起來更修長。

垂墜而下的長腰帶「だらりの帶」是京都舞妓特有的打扮，最下方會有舞妓所屬置屋的花紋。

和服下擺長度及地，稱為「お引きずり」。

051

# 漫遊京都裏風景，私藏京町家的唯美時光

## 京町家介紹

走在京都街頭，常會看到擁有百年歷史以上，稱作「京町家」(きょうまちや)的木造建築，一般京町家可分為六種類型：廚子二階(中二階)、總二階、平屋、三階建、仕舞屋及大塀造。

### ❶廚子二階(中二階)

古時為了不讓一般民眾從高處俯視大名出巡的隊伍，而刻意將二樓的天花板建得較低。因此二樓主要不是居住空間，多是用來儲藏物品。

### ❷總二階

二樓高度與一樓高度相同的町家，是明治後期到昭和初期出現的建築樣式。

**京町家源起**

京町家木造建築起源於平安時代東西都興起的市場中，販賣商品的小屋，也被視為住商合一建築的原型。日本戰國末期，豐臣秀吉在京城倡議以房屋橫向面積課稅後，京都人投機取巧，紛紛把房子建得又窄又長，也因此讓這些入口狹窄、內部深長的町家被戲稱為「鰻魚窩」。如今，京都市大約留有五萬戶的京町家，大多是明治(1869~1912)到大正時期(1912~1926)的房子。

### ❸仕舞屋

明治時期至大正時期，由於推行住商分離而出現。屋子前頭已經不設置店舖，是住宅專用的町家。屋簷下小小的出格子為特徵。

### ❹大塀造

醫生或商人等富裕階層建立的住宅專用町家。在屋子與道路間立起牆壁(塀)，牆壁與主屋間並設有前庭。

## ❶虫籠窗(むしこまど)

二樓上宛如裝蟲的籠子的格子窗，塗有防火的白漆，且有通風的作用。

## ❷鐘馗

在町家下層屋頂會放上消除鬼怪穢氣的瓦製鐘馗。

## ❸格子(こうし)

細細的木頭格子窗的種類依店家業種而異，像是絲屋格子、出格子、茶屋格子等，方便店家從店裡就可看到外面的情形。

## ❹駒寄(こまよせ)

客人騎的馬、或是運輸貨物的牛馬等動物的牽繩可栓在木格子上。

## ❺犬矢來(いぬやらい)

竹製的圍屏不但美觀，且可讓屋簷落下的雨水，或是防止動物撒尿破壞建築。

## ❻暖簾(のれん)

町家玄關前的門簾，就像是商家的門面一樣，暖簾的材質還會隨著季節更動。

## ❼通庭(とおりにわ)

從玄關通往內部、代替走廊的通路，每間房都可經由通庭進去，分成客人可至的店庭，和商家私人空間的走庭，走庭上方可清楚見到挑高的大樑，有通風的效果。

## ❽坪庭(ぬとにわ)

町家內部的小庭院，有採光及通風之效，坪庭裡的植物、燈籠、庭石等讓居住的人享有一方清涼綠意。

## ❾忍び返し

由於京町家入口窄小，內部深長的結構容易遭竊，屋主便利用銳利的金屬或是削尖的竹子，以扇形或柵欄的形式設在屋頂上防盜。略微彎曲的弧度也可防止小偷站在上方。

## ❿ばったり床几

設在牆邊的折疊台，店家用以陳列展示商品，也可當作板凳使用。

---

# Do YOU KnoW

## 京格子的聰明設計

日本京都至今仍保留著許多在江戶時代建造的住宅建築「京町家」，你知道從京町家外面的格子形狀即能分辨此京町家從事的職業嗎？像是紡織店、織布店，因古時沒有燈泡無法看清楚布料、織布及織線顏色，需要充份的陽光來源而切掉木格子上方的木頭，形成下方為細長木頭，上方留有大片空隙的木格子；其他像是米店是防止碰撞的粗實木頭製成，木炭店是用空隙窄小的大片木頭，防止炭粉飄往戶外。

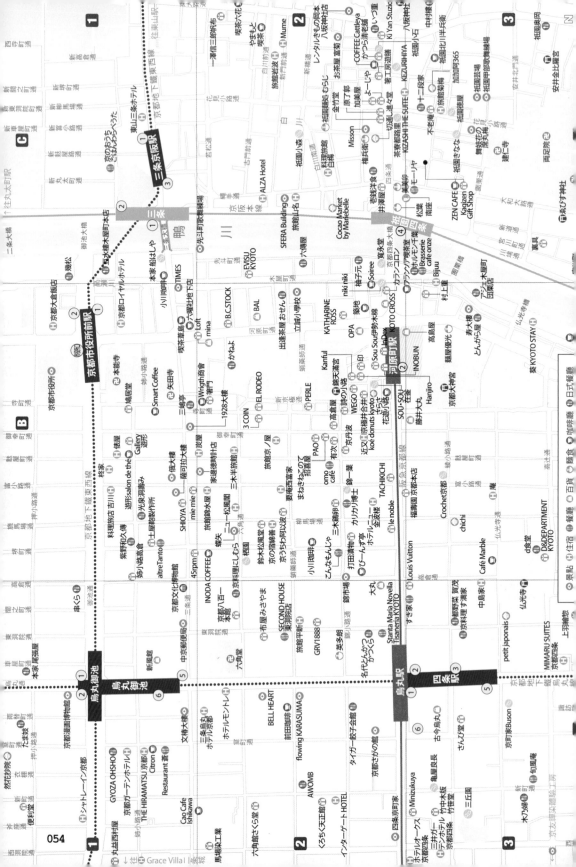

# 花見小路周邊也好精彩！神社、寺廟還有甜點，漫步京都路地裏的私房美景～

**MAP P.54 C3**　安井金比羅宮

**如何前往**

京阪電鐵祇園四条駅徒步10分；JR京都駅前搭乘市巴士206「東山安井」下車

**info**

📞075-561-5127　🏠東山區東大路松原上ル下弁天町70　🕐自由參觀；繪馬館、玻璃館10:00~16:00；授与所(販售御守、繪馬等)9:00~17:30　繪馬館與玻璃館週一(遇假日順延翌日休)、年末　💰自由參拜；繪馬館、玻璃館成人￥500，高中生以下￥400，未就學兒童免費　🌐www.yasui-konpiragu.or.jp

　經過祇園甲部歌舞練場後不久，就會抵達氣氛寧靜的安井金比羅宮。境內最醒目的是覆滿白色籤紙、中間有開口的大石，名叫「緣切緣結碑」，只要先在籤紙上寫下願望，再穿過中間的洞口，願望就能實現。

如果祈求良緣要從石洞的裏口(うら)爬到表口，想切斷惡緣則反過來從表口往裏口，千萬別弄錯了。

**MAP P.54 C3**　加加阿365 祇園店

**如何前往**

京阪電鐵祇園四条駅出口6徒步7分

**info**

📞075-551-6060　🏠東山區祇園町南側570-150　🕐10:00~17:00　💰加加阿365(巧克力) 2入￥1080　🌐www.malebranche.co.jp

　加加阿365是京都知名菓子舖malebranche的祇園店，專賣巧克力。店名的加加阿用日文讀成カカオ(kakao)，指的便是巧克力的原料「可可」，而365則是指一年365天皆能品味這循著由京都而發的巧克力。巧克力上設計了花紋，每種皆有節令、節日的意義濃縮其中，讓人吃的不只是巧克力，更是京都的生活流儀。

**MAP P.54 C3**　建仁寺

**如何前往**

京阪電鐵祇園四条駅徒步5分

**info**

📞075-561-6363　🏠東山區大和大路通四条下ル小松町591　🕐10:00~16:30(17:00關門)　12/28~31　💰成人￥600，國高中生￥300，小學生￥200，未就學兒童免費　🌐www.kenninji.jp

　建仁寺創建於建仁2年(1202)，是日本最古老的禪寺，也是日本禪宗臨濟宗的名剎。境內迦藍配置從勅使門、三門、佛殿、本坊、方丈等都在一直線上，非常壯觀，除了以枯山水知名的方丈庭園之外，名畫師俵屋宗達的「風神雷神圖屏風」和法堂大天井上的「大雙龍圖」都是參觀的重點。

京都：花見小路

## 用餐選擇

逛累了需要找個歇腳的地方，想要喝茶或吃甜點，挑一間喜歡的店品嚐優雅的京都風味

京都：花見小路

**祇園 北川半兵衛**
茶詠み～
お茶五種飲み比べ
一口菓子つき
(5種茶與甜點套餐)
¥2800
推薦菜

---

### 祇園 北川半兵衛
優雅品茶

🏠 東山區祇園町南側
570-188

北川半兵衛是創業於1861年的宇治老茶舖，2018年在祇園南側開設咖啡沙龍，改建自老町屋的空間歷史感中帶點城市的優雅，1樓的吧檯面對著坪庭、2樓隔出各空間皆充滿大人的沉穩氣氛。這裡主要以茶品為主，也備有咖啡供人選擇。

📍P.54C3　🚉京阪電鐵祇園四条駅出口6徒步6分　☎075-205-0880　🕐11：00～22：00（夜咖啡18:00~22:00）　🈺不定休　🌐gion-kitagawahanbee.kyoto/

---

**茶寮都路里**
特選
都路里パフェ
(特選都路里聖代)
¥1595
推薦菜

---

### ZEN CAFE
Q彈葛餅

🏠 東山區祇園町南側
570-210

由善鍵良房開設的ZEN CAFE限定的特製葛餅使用吉野葛所製作，簡單盛放在竹葉上的晶瑩剔透的外觀非常誘人，一入口卻有令人驚艷的Q度和彈性，葛粉麻糬本身帶有淡淡清甜，單吃就很爽口，搭配一杯日式煎茶，口腔縈繞著舒服清香，日光恣意灑落，就是最完美的京都午後。

📍P.54C3　🚉京阪電鐵祇園四条駅出口7徒步2分；搭乘巴士86「四条京阪前」下車　☎075-533-8686　🕐11:00~18:00(L.O.17:30)　🈺週一(遇假日順延翌日休)　🌐www.kagizen.com

**ZEN CAFE**
特製くずもち
(特製葛餅)
¥800
推薦菜

---

### 茶寮都路里 祇園本店
抹茶聖代

🏠 東山區四条通祇園町南側 573-3 祇園辻利本店
2~3F

茶寮都路里是京都最受歡迎的甘味店，門口總是大排長龍，真材實料用上等宇治抹茶做的各式聖代冰品讓人讚不絕口，聖代裡除了抹茶霜淇淋，還添加了甘栗、抹茶蜂蜜蛋糕塊、抹茶果凍，讓人吃了還想一口接一口。

📍P.54C2　🚉京阪電鐵祇園四条駅出口7徒步3分；搭乘巴士206「祇園」下車　☎075-551-1122　🕐10:00~21:00　🈺不定休　🌐www.giontsujiri.co.jp

# H 臨近祇園的河原町相當繁榮且交通便利，或許也可以將這裡當成住宿地選擇

住宿選擇

## インターゲート京都四条新町

町屋飯店

 中京區新町通錦小路上る
百足屋町387

2018年3月開幕的インターゲート京都四条新町，位於地鐵四条烏丸站附近，以京町屋的設計外觀，內裝透過簡約線條與燈光營造溫潤感性空間。各式公共空間都讓人無距離感，尤其一樓Lounge除了提供早餐，6~23點都能隨時來坐坐，免費手沖咖啡、小點心甚至夜消茶泡飯，隨時伺候。飯店還有大浴場可以消除一日疲勞。

🗺P.54A2 🚇京都地下鐵四条駅出口22徒步5分 ☎075-255-2221 ⏰check in 15:00，check out 11:00💻www.intergatehotels.jp/kyoto_shijo/

## Grace Villa二条城

入住町屋

 中京區姉小路通小川西入る宮木町460

Grace Villa二条城是間路地裏的小旅館。由於不想接待太多的客人所以才把旅館開在這裡。入住Grace Villa二条城首先別想跑遠，這裡的工作人員已經先幫你規劃好各種京都庶民感小旅行，放膽去問、去要求，因為這就是Grace Villa二条城的最大賣點。

🗺P.54A1 🚇京都地下鐵烏丸御池駅出口4-2徒步5分 ☎075-257-8100 ⏰check in 14:00，check out 11:00 💻www.gracevilla-nijojocastle.net/

## 葵 KYOTO STAY

獨棟VILLA

 下京區木屋町通佛光寺上ル天王町146(葵 HOTEL KYOTO)

葵 KYOTO STAY 是2011年設立的町家旅宿集團，五棟Villa型的旅宿，一棟限一組客人，其中「葵‧鴨川邸」的建築本身擁有百年以上的歷史，過去曾是藝妓的住處。左伴高瀬川、右傍鴨川，坐擁河畔的四季流轉、京都最熱鬧的四条河原町僅步行10分鐘之遙、獨門獨戶的傳呼式管家服務，無論景緻、便利性還是私密性，皆無可挑剔。

🗺P.54B3 🚇京阪電鐵祇園四条駅徒步10分 ☎075-354-7770 ⏰check in 14:00~18:00，check out 11:00💻kyoto-stay.jp ❶考量房客隱私，詳細住宿地址在完成訂房後由工作人員主動提供，工作人員會於約定時間前往辦理

四条通、河原町通與烏丸通、三条通所圍成的地區是京都最熱鬧的繁華街，先斗町、木屋町更是京都夜生活的精華區，美食餐廳、居酒屋、Bar等都集中在這裡，是造訪京都必逛的購物與美食區。

◎從祇園出發經過四条大橋往河原町方向，即進入河原町區域。
◎搭乘阪急電鐵京都本線河原町駅出站即是河原町範圍。
◎再往西走即可到京都地下鐵烏丸線四条駅、阪急電鐵京都本線烏丸駅，進入四条範圍。

 京都高島屋

info
📍P.54B3 ☎075-221-8811 🏠下京區四条通河原町西入真町52 🕐10:00~20:00，7F DINING GARDEN京回廊11:00~21:30 🈺不定休 🌐
www.takashimaya.co.jp

　河原町四条交叉口是京都最熱鬧的地區，高島屋就矗立於其中一角，除了豐富的商品與齊全櫃位之外，較特別的是2006年完成的美食街「京回廊」，分為家庭區、流行區與老舖區，以日本茅草屋、石庭等意象設計出現代空間，打造出優雅精緻的美食氣氛。

京都的肚臍眼

　穿過大門，在左前側可以看到一塊中心有凹洞、六角型的石頭崁在地上，這石頭原本在門前的六角通，明治初期才移至現所。由於石頭所在位置是京都的正中心，故又被稱為「肚臍石」（へそ石）。

寺內有許多鴿子，而可愛的鴿子籤詩也很受歡迎。

🀕 六角堂

info
📍P.54A2 ☎075-221-2686 🏠中京區六角通東洞院西入堂之前町 🕐6:00~17:00 🈺自由參拜
🌐www.ikenobo.jp/rokkakudo/

　六角堂，又稱頂法寺，本堂依著佛法中六根清淨(眼、耳、鼻、舌、身、意)之意而建，在北面還有留下聖德太子當年在此沐浴的遺跡。早年，寺廟人士會在這池遺跡四周奉上鮮花，據聞這也是日本花道(いけばな)的最早由來。

京都：花見小路

**鴨川川床**

在潺潺溪川的河床上搭上竹木架，讓人可以在其上一邊聆聽流水聲、一邊享受精緻料理，是京都最具代表性的夏日風情畫。京都的川床料理以貴船以及祇園附近的鴨川兩個地方最為著名，鴨川處的川床另稱為「納涼床」，是京都夏夜最熱鬧的風景。

#  錦市場

## info

P.54B2 中京區新京極通~高倉通 9:00~約18:00

想了解京都的民生日常，來到錦市場便能窺探一二。有「京都的廚房」之稱的錦市場，舉凡京懷石料理到一般家常菜的素材都可在此買到，其中也有賣廚具、餐具等日式烹調用具，以及充滿濃濃京都味的美食小舖。

##  錦 天満宮

錦天満宮是錦市場的鎮守神社，也是京都商人們的重要信仰中心，祭拜的神祇菅原道真，除了是一般人熟悉的學問之神外，也是掌管商業才能。錦天満宮入口處的黑牛塑像，據說摸了就會有好運，因此牛頭被摸得閃閃發亮。

##  カリカリ博士

カリカリ指的是章魚燒的外皮香脆，咬下去會發出「卡哩卡哩」的聲音，カリカリ博士賣的是特別的京都風章魚燒，有美乃滋、起司、原味、蔥花沙拉等風味可選擇。

##  有次

創業的藤原有次從1560年就開始用心製造一把把讓食物更美味的刀子，到了1969年，後代選在錦市場開業，有次店內可以看到職人現場製作磨刀，在此製造並販賣由頂級廚房配件。

# 串·聯·行·程·2 三条

不同於繁華的河原町四条一帶，三条通兩旁舊中帶新的建築更是透露出不同於別處的懷舊氛圍，這裡大多是大型機構的京都分社或分店，現在則吸引很多對歷史氣氛有興趣的個性商店和藝廊選在懷舊大樓中設點。

◎從祇園出發沿著鴨川方向，即達三条區域。
◎京都地下鐵東西線三条京阪駅及京都市役所前駅、京阪電鐵京阪本線三条駅出站即達三条範圍。
◎搭乘巴士至河原町三条站下車，沿著三条通往西走是許多個性小店聚集的區域。

京都：花見小路

## 鳩居堂

info
◍P.54B1　☎075-231-0510
◍中京區寺町姉小路上ル下本能寺前町520
◍10:00~18:00 ⊗1/1~1/3
⊕www.kyukyodo.co.jp

　創業於1663年的鳩居堂是江戶時代的老舖，專賣線香與和風文具，舉凡因應四季的各式薰香，以及圖案美麗的信紙、明信片、便條紙、筆墨等文具皆有，充滿優雅的京都風情。若想買些伴手禮，手工繪製的和風小信封花色豐富，頗為適合。

## TIMES

info
◍P.54B2　☉依店舖而異　◍中京區三条通河原町下ル　☉依店舖而異　⊗依店舖而異

　位於木屋町與的三条小橋附近，有棟代表日本現代風潮的清水模建築，就是由大名鼎鼎的建築師安藤忠雄所設計，沿著高瀬川的TIMES傍水而建，分成二期工程完成，1樓的咖啡廳就可接近清涼河川，大面積的玻璃窗中透出商店的黃色燈光，更為這略顯冰冷的建築增添溫暖氣氛。春天時河畔櫻花盛開，美不勝收。

## 家邊德時計店

info
◍P.54B2　☎075-221-0450　◍中京區三条通富小路東入中之町27 ☉

外觀自由見學，賣店10:00~20:00

　雖然創業於明治4年(1871)的家邊德時計店已遷移到熱鬧的四条通上，但這座於明治23年(1890)完成的紅磚建築即使成了和風服飾店，從外牆兩層式的構造仍可看到往日住商合一的建築形式，這裡也是京都最早的商業用西式建築。

## Gallery遊形
### ギャラリー遊形

**info**

🅜P.54B1 ☎075-257-6880 🏠中京區姉小路通麩屋町東入ル 🕙10:00~18:00 ❌不定休 💰香皂3入¥838 🖱www.yukei.jp/ ❗遊形salon de thé目前暫停營業中

Gallery遊形就販賣俵屋旅館內為了住客更加舒適而特別獨家開發的商品，其中最受歡迎的特製香皂，含有200多種香料的香皂是旅館主人特別跟花王訂購的，高雅的香氣與細膩的泡沫大受好評。除了舒適寢具用品，現在更有袋子等個人配件與餐具器皿等。

一旁的咖啡館遊形salon de thé能喝到由染井名水製作的蕨餅。

🔊

**俵屋喝得到染井名水？**

俵屋為經營超過三百年的日本頂級傳統旅宿，與炭屋和柊家並稱京都三大飯店(御三家)，更有日本第一旅館之稱，名列日本有形文化財。古典而富含詩意的空間、細膩至微的服務外，料理更是享譽盛名，而支撐著俵屋世世代代純正風味的，便是俵屋的井水。俵屋的井水與梨木神社的「染井名水」同源，屬軟水，俵屋與遊形所端出的料理、飲品和點心都是以俵屋的井水來製作。

## INODA COFFEE
### 本店

**info**

🅜P.54B2 ☎075-221-0507 🏠中京區堺町通三条下ル道祐町140 🕙7:00~18:00(L.O.17:30) 💰フルーツサンド(水果三明治)¥900，京の朝食¥1600 🖱www.inoda-coffee.co.jp ❗京都各地支店眾多，距離一個轉角的三条支店也很有人氣

發源自京都的INODA COFFEE擁有70年以上的歷史，是谷崎潤一郎等作家與藝術家喜愛的老舖咖啡館。店裡的咖啡除了單品、義式，還有自家烘焙混豆的獨家口味，招牌「阿拉伯的珍珠」(アラビアの真珠)，在菜單上就寫著適合加糖與奶精，和一般對咖啡的想像不同，但出乎意料的甘美順口。自家調配的豆子，在入口處可以買到，另外，大門左側的白色咖啡間，是當年最早的INODA COFFEE的復刻店面，告知店員後，也可以入內用餐或參觀。

## 京都觀光的精華區，蜿蜒石坂道更是遊京必逛的風情街道

春天櫻花、夏天新綠、秋天楓紅的季節美景，讓清水寺成為京都參觀人數最多的世界遺產寺院。

**造訪清水寺理由**

1. 見證京都悠久歷史的世界遺產
2. 春櫻秋楓冬雪夏綠葉，看不夠的四季美景
3. 石塀小路、京風建築，一次見到經典京都風情

京都：清水寺

卍　MAP P.68 B2

# 清水寺
きよみずでら／Kiyomizutera

　　清水寺位於京都洛東東山境內，建於西元798年，是平安時代建築物，因為寺內擁有一處清泉(音羽の瀧)而得名。由於曾經多次遭受祝融之災，目前所見的清水寺，是1633年時依照原貌重建。沿著清水寺坂走向清水寺，首先看到清水寺巍峨的紅色仁王門。清水寺本堂正殿中央，供奉著一尊十一面千手觀音，這座十一面、四十二臂的千手觀音比一般十一面、四十臂的千手觀音多了二臂，最上面左右兩臂上各捧著小如來像，所以又有「清水型觀音」之稱。這座佛像每隔33年才開放參觀(下次公開時間是西元2033年)，為清水寺的信仰中心，也是國家重要文化財。

### 清水寺小檔案
**山號**：音羽山
**宗派**：北法相宗大本山
**本尊**：千手觀音(秘傳)
**創建年份**：寶龜9年(778年)
**國寶**：正殿(本堂)
**重要文化財(建築)**：仁王門、三重塔、鐘樓、釈迦堂、地主神社等16處
**重要文化財(美術工藝品)**：梵鐘、木造千手觀音坐像、木造十一面觀音立像等9樣

京都駅前D2巴士站往【三十三間堂・清水寺・東福寺】86・88・206・208。在【東山安井】、【清水道】、【五条坂】巴士站下車。

## 有此一說～

**想展現決心就「從清水舞台往下跳」**

清水寺正殿依附著峭壁而建，正殿為懸空的舞台，故稱「清水舞台」。有句日本諺語自江戶時代流傳至今，「從清水舞台往下跳」(清水の舞台から飛び降りる)，傳說跳下舞台的人懷著必死之心，並認為只要沒死即能實現願望，至今延伸成有下定決心之意。根據清水寺保存於成就院的「成就院日記」中記載著，自1694年起148年間發生達235起跳台事件，但生存率高達百分之85，而京都府也於明治5年(1872)明令禁止跳台舉動。

順遊祇園

建議從清水道開始，一路上經過清水寺、產寧坂、二年坂、高台寺，再由石塀小路進入祇園，最後晚上順遊到河原町四條。

如何避開參觀人潮

不管來京都幾次，每次造訪總是要來清水寺參拜，站在清水舞台上由高眺望京都市景超漂亮。

清水寺是著名的觀光景點，外國遊客和日本人都愛來玩，想要擺脫人潮、拍沒有人景的美照，不如趁一大早6、7點來參拜，避開擁擠人潮還能獨享清水寺美景！

東山區清水1-294 ⏰6:00~18:00(7、8月至18:30)，夜間特別拜櫻春櫻、千日詣り、秋楓至21:30(售票至21:00) 💰高中生以上￥400，國中小學生￥200 🌐www.kiyomizudera.or.jp

**至少預留時間**
清水寺+周邊坂道遊逛：3小時至半天

二年坂、三年坂、高台寺和寧寧之道一帶久享盛名，石塀小路時常清幽無人，隱身其中的小店則安靜有氣氛，閑坐聊天感覺京都特有的閑靜魅力。

寺院、古民家，長長斜斜的石疊小徑兩旁盡是木窗烏瓦的二層樓京風建築，穿著豔色和服的真假舞妓穿梭其中，許多典型京都風情都可在此一次見到。

# 在古京都的歷史建築清水寺中
# 有哪些是必參觀的景點,一起來看看吧!

## 解構本堂及清水舞台

**檜木皮**
屋頂並非使用瓦片組成,而是採用檜木表皮層層交疊,形成柔和的圓潤曲線。

**本堂**
清水寺本堂即為正殿,正面高約36公尺,寬19公尺,樓棟高為18公尺,正殿供有千手觀音像,需脫鞋入內。注意正殿不可拍照、攝影。

**清水舞台**
本堂前的木質露台被稱為「清水舞台」,舞台地板是採用410塊10公分厚的檜木板舖設而成,並特別設計成前低後高以防下雨天舞台造成積水。

**欅木柱**
使用139根堅固的欅木架構而成、建於斷崖上的懸造清水舞台,寬約30公尺,高達12公尺,靠著超水準的接榫技術,沒有動用任何一根釘子。

京都:清水寺

## Do YOU KnoW

### 京風滿滿,東山地區的坂道

日文的「坂」字,意謂坡的意思。清水寺周邊有著密密麻麻的坂道,隨意鑽進一條開始古都的浪漫迷路記。

**清水坂**:通往清水寺的重要參道就是清水坂,五花八門的各式土特產店讓前往清水寺參觀的遊人雀躍不已。

**二年坂**:二年坂築於大同二年(807),從產寧坂接二年坂可直通寧寧之道,串連清水寺與高台寺。

**寧寧之道**:高台寺下的石疊小徑,是以北政所寧寧為名的小路,有許多人力車伕都停在這裡等著載客。

**產寧坂**:產寧坂也就是三年坂,關於大同3年(808),因此直接以年號為巷名。當時清水寺入口處的仁王門前,奉有一祈祝安產的「安子觀音」;加上日文念法中,「產寧(平安生產)」與「三年」發音接近,人們也將三年坂稱為產寧坂。

**茶碗坂**:江戶時代,東山清水一帶曾聚集大量的窯元(陶窯),京都特產的陶瓷器因此被稱為清水燒,而茶碗坂正是當年窯元的聚居的地方之一。儘管窯元都已遷至他處,但茶碗坂上仍聚集了為數不少的陶瓷器店家。

**石塀小路**:石塀小路是與寧寧之道垂直相接的羊腸小路,寧靜曲折且隱密性高,藏著數家高檔的料亭,石牆坂道、黑格窗櫺的二層樓建築顯得京味十足。

# 清水寺還要看這些！

## ·仁王門
清水寺的入口，仁王門屬「切妻」式建築，是日本最正統的屋頂建築式樣。

## ·音羽の滝
清水寺後方的音羽の滝，相傳喝了這裡的水，可以預防疾病與災厄，因此又有「金色水」、「延命水」的別稱，為日本十大名水之一，不妨拾起木杓，嚐嚐清水寺名水的滋味。

## ·三重塔
重要文化財之一的三重塔，塔高約31公尺，為日本最高三重塔。

## ·京都地主神社
地主神社是奉祀姻緣之神，也是京都最古老的結緣神社，正殿前方的戀占之石聽說很靈驗！
❶2022年8月19日起進行為期3年的社殿修復工事，不開放參拜。

## ·夜間點燈
每年到了春櫻秋楓之時，清水寺都會開放夜間特別拜觀，讓人在夜間欣賞京都的最佳美景。

正殿前方有對相距17至18公尺的「戀占之石」，聽說祈願者只要蒙起眼睛，口中唸著愛慕者名字，從戀占之石走到另一顆石頭即能成就美滿姻緣。

## ·清水寺四季行事曆
好不容易來到清水寺，當然要先看看有什麼必參加的活動！

| 期間 | 活動 | 時間 |
|---|---|---|
| 1/1~1/7 | 修正会(自元旦當日開始七日，為新的一年祈福) | |
| 2/1~2/3 | 修二会(在本堂內懺悔日常所犯的過錯，也作迎接新年、遠離災厄) | |
| 節分當日(立春前一天) | 節分会(與修二会一同進行，向星宿祈福及消災除厄) | |
| 2/15 | 涅槃会(每年釋迦牟尼入涅槃之日所舉行的法会)<br>中興開山良慶忌(為中興開山·良慶和尚舉行忌日追善法會) | |
| 3/4~3/13 | 春の夜間特別拜観 | 至21:30(售票至21:00) |
| 3/5 | 玄奘三蔵会 | |
| 3月の彼岸入り日 | 彼岸会(向三界萬靈或已故親友祈求平安) | |
| 3/14~3/15 | 青龍会(傳說觀音菩薩曾化身為龍降臨音羽之滝飲水，而為在奧之院祠堂供奉的夜叉神即是青龍之地的守護神，存著敬仰之心籍此法會祈求幸福平安) | 14:00~15:30 |
| 3/26~4/3 | 春の夜間特別拜観 | 至21:30(售票至21:00) |
| 4/3 | 青龍会 | 14:00~15:30 |
| 4/8 | 降誕会(浴佛節，以甘茶作供養將其淋在佛像上) | |
| 4/29~5/5 | 成就院庭園特別公開(京都代表名庭，非全年開放) | 9:00~16:00 |
| 5/23 | 開山忌(清水寺開山之日，舉行以大茶碗舉杯之茶禮，此活動採招待制) | |
| 8/1~8/5 | うら盆法話(盂蘭盆法會，祈求風調雨順) | |
| 8/9~8/16 | 千日詣り/本堂內々陣特別拜観(意指在千日內連續到寺廟參拜祈願) | 9:00~17:00 |
| 8/14~8/16 | 夏の夜間特別拜観(千日詣り/本堂內々陣特別拜観)<br>(夏季特別活動，能夜訪清水寺的美景，一觀不同於白晝的清水寺) | 至21:30(售票至21:00) |
| 8/23 | 地蔵盆会(於百体地蔵堂舉行法會) | |
| 9/14~9/15 | 青龍会 | 14:00~15:30 |
| 9月の彼岸入り日 | 彼岸会(向三界萬靈或已故親友祈求平安) | |
| 11/13 | 慈恩会(在秋天為建寺的慈恩大師舉行法會) | |
| 11/16 | 落葉忌(祭祀第24及25代住持·月照上人、信海上人法會，會舉行四ツ頭茶禮獻茶活動) | |
| 11/18~11/30 | 秋の夜間特別拜観 | 至21:30(售票至21:00) |
| | 成就院庭園特別公開及夜間拜観 | 9:00~16:00、18:00~20:30 |
| 12/1~12/3 | 仏名会(於本堂內々陣回顧一整年，並準備迎接新的一年到來的法會) | |
| 12/31 | 除夜の鐘(在大晦日敲響108下鐘聲，迎接新年到來) | |

※每年時間有所調整，詳細請依官網公告為準

體驗行程

# 難得來到清水寺，當然要穿一波和服～

京都::清水寺

## ·和服與浴衣どっち？

　　和服是日本傳統服裝的統稱，一般和服體驗提供的和服，都是適合逛街、散步等平常穿的和服，布料材質和圖案都會配合季節作變化，另一種有長袖子的「振袖」屬於正式穿著。浴衣也算是和服的一種，早年是泡完溫泉時為求輕便的穿著，現在則變成夏天祭典和煙火大會的標準裝扮，布料屬於輕薄棉質。

### 和服正面

**長襦袢：**
內襯的白衣，露出的領口部分有白領或花領可以選擇。

**領口：**
右上左下、正面看起來是y字形才是正確穿法，反過來是大忌。

**帶：**
和服的腰帶。種類很多，一般出租常見的是半幅帶和名古屋帶。

**帶締め：**
將腰帶上綁緊的繩子，也有裝飾作用。

女生的後領會稍微留一點空間，讓脖子看起來更纖細。

**草履：**
搭配和服的鞋子。

**足袋：**
白色的二趾襪，有些和服店家穿完可以帶走。

### 和服背面

腰帶的綁法約可分為「太鼓」、「文庫」、「立矢」種類。

### 浴服正面

可以搭配團扇，既有夏天氣氛又實用。

**領口：**
上下與和服相同，不過裡面沒有穿長襦袢，不會有內領。

花色更活潑，布料也比和服輕薄。

### 浴服背面

**木屐：**
直接穿木屐，不穿襪子。

**帶：**
通常是半幅帶或更簡便的浴衣帶。

腰帶背面通常綁成蝴蝶結。

想買和服或浴衣？
除了和服專賣店，也
可以在東寺的弘法
市和北野天滿宮的
天神市找到便宜的
二手和服或浴衣。

·如何挑選店家
和服體驗和其他體
驗不同，不但提供體
驗的店家超級多，大
部分也都有會中文
的工作人員。以下區
域，是和服體驗店
最多、也很適合穿
和服遊逛的地點。

| 區域 | 路線 | 精選店家 | |
|------|------|----------|---|
| 清水寺周邊 | 從清水寺經過三年坂、二年坂到高台寺的遊逛路線。 | ·染匠きたむら ⚑東山區下河原通高台寺門前下河原町470 ◷10:00~ 18:00 Ⓢ着物レンタルセット(和服出租半日)13:00~18:00￥5500 Ⓤsensho-kitamura.jp ❶透過E-mail預約 | |
| 祇園 | 包含花見小路、八坂神社、祇園商店街、白川南通一帶。 | ·レンタルきもの岡本 八坂神社店 ⚑東山區祇園町301-1 ◷9:00~19:00，歸還時間至18:30 Ⓢ女性和服體驗￥3278~5478，男性和服體驗￥4378 Ⓤwww.okamoto-kimono.com/ | |
| 嵐山 | 風景開闊，有渡月橋、天龍寺、竹林之路等景點。 | ·夢京都 渡月橋店 ⚑右京區嵯峨天龍寺造路町20-41 久利匠 南棟 ◷9:00~18:00 Ⓢ女性一日和服體驗(無法自選款式)￥3190；女性一日和服體驗(自選款式)￥4290；男性和服體驗￥4290 Ⓤkyoto-kimonorental.com | |

# Do YOU KnoW

## 超適合拍和服美照的私房景點大公開！

◎白川南通(祇園)
⚑東山區元吉町白川南通

冬日暖陽下的的和服女孩與神社朱垣，寧靜又美好。

◎青蓮院(清水寺周邊)
⚑東山區粟田口三条坊町69-1

有著最美的青蓮襖繪，還有優雅的古典門扉。

◎八坂之塔(清水寺周邊)
⚑東山區八坂上町388

黝黑的八坂之塔，是東山地區最具代表性的一席風景。

◎水路閣(南禪寺)
⚑左京區南禪寺福地町86

紅磚水路閣是百年前為引來琵琶湖水而建，也是不少日劇和廣告的取景地。

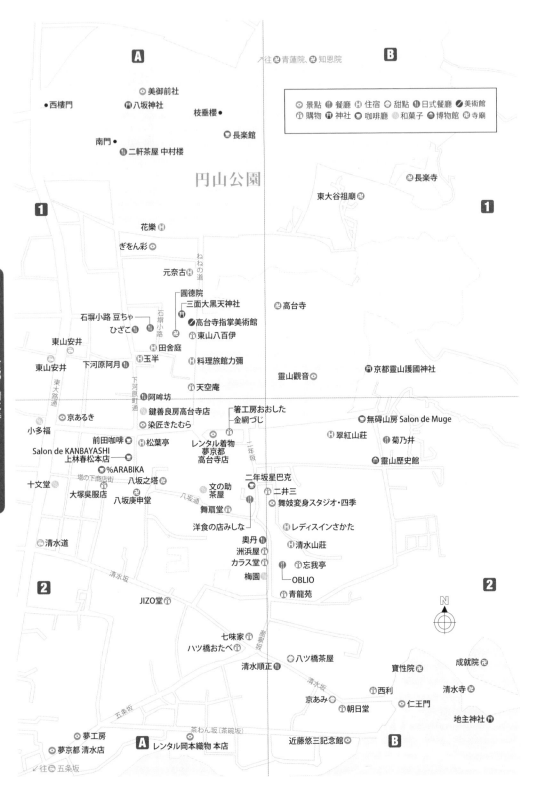

A B

往 青蓮院、知恩院

**圖例**
◎ 景點　⑪ 餐廳　⑪ 住宿　◎ 甜點　⑪ 日式餐廳　✎ 美術館
⑪ 購物　⑪ 神社　⑪ 咖啡廳　◎ 和菓子　⑪ 博物館　⑪ 寺廟

円山公園

美御前社
西樓門
八坂神社
枝垂櫻
長楽館
南門
二軒茶屋 中村楼
東大谷祖廟
長楽寺

花樂
ぎをん彩
ねねの道
元奈古
圓德院
三面大黑天神社
高台寺
石塀小路 豆ちゃ
ひさご
石塀小路
高台寺指掌美術館
東山八百伊
東山安井
田舎庭
玉半
下河原阿月
料理旅館力彌
靈山觀音
京都靈山護國神社
天空庵
阿哞坊
鍵善良房高台寺店
箸工房おおした
金網つじ
染匠きたむら
無碍山房 Salon de Muge
翠紅山荘
菊乃井
前田咖啡
松葉亭
Salon de KANBAYASHI
上林春松本店
レンタル着物 夢京都 高台寺店
%ARABIKA
靈山歴史館
十文堂
八坂之塔
塔の下商店街
二年坂星巴克
文の助茶屋
二井三
舞妓變身スタジオ・四季
大塚呉服店
八坂庚申堂
舞扇堂
レディスインさかた
洋食の店みしな
清水道
奥丹
洲浜屋
清水山荘
カラス堂
忘我亭
梅園
OBLIO
青龍苑
JIZO堂
七味家
八ツ橋おたべ
八ツ橋茶屋
寶性院
成就院
清水順正
西利
清水寺
京あみ
朝日堂
仁王門
地主神社
五条坂
夢工房
夢京都 清水店
茶わん坂(茶碗坂)
レンタル岡本織物 本店
近藤悠三記念館

東大路通
下河原町通
二年坂
八坂通
產寧坂
清水坂

往 五条坂

N

## 逛完氣氛滿點的石坂小路，附近還有什麼有趣的景點呢

卍 **MAP P.68 B1** 高台寺

**如何前往**
清水道、東山安井巴士站下車約徒步10分

**info**
☎075-561-9966 ◎東山區高台寺下河原町526 ◎9:00~17:30(售票至17:00)，夜間特別拜觀17:00~22:00(售票至21:30) ⑤成人¥600，國高中生¥250，含掌美術館門票。高台寺、掌美術館、圓德院三處共同拜觀券¥900 ⑪www.kodaiji.com

高台寺是豐臣秀吉將軍逝世後，秀吉夫人「北政所寧寧」(ねね)晚年安養修佛的地方，建於慶長10年(1605)，開山堂、靈屋、傘亭、時雨亭等都是國寶級古蹟。高台寺也是京都賞櫻、紅葉名所之一，尤其夜晚的點燈活動，是一年一度遊客最期待的花見樂事。

卍 **MAP P.68 A2** 八坂之塔

**如何前往**
清水道巴士站下車徒步5分、東山安井巴士站下車徒步7分

**info**
☎075-551-2417 ◎東山區八坂上町388 ◎10:00~15:00 ⑤國中生以上

融之災，現在的塔身建築是西元1440年由幕府將軍足利義教重建。經過多次祝

¥400 ❶不接受國中生以下參觀

沿著八坂通的上坡道前行，可以見到坂道盡頭高處黝黑的「八坂之塔」，也是東山地區的象徵。「八坂之塔」相傳是在1500年前聖德太子所建，保留了日本現存最古老、白鳳時代的五重塔樣式。走下八坂通時，別忘了背對東大路通，回頭看看「傾斜坂道通往高處的八坂之塔」，可是東山區最具代表性的一席風景。

**深入體驗高台寺**
**·茶席體驗**
湖月庵是高台寺茶席體驗的主要地，請來茶道老師親自在客人面前點茶，帶領著門外漢一同窺探京都的文化之心。由於外國人大多

無法跪坐太久，這裡也貼心準備座椅讓人能夠輕鬆體驗茶文化。湖月庵的茶席體驗主要針對團體(7人以上)，每人¥3000(含入寺門票)；若是少人數(2人以上)，則會移至較小的玄路庵舉行，每人¥4000(含入寺門票)。茶席體驗需要預約，詳洽寺方。

**·季節點燈**
高台寺於春、夏、秋三季夜晚會特別開寺，配上燈光與寺內

造景，營造出京都的特別情調。春季的枝垂櫻，夏季燈明會，秋季臥龍池畔的華麗紅葉點燈，每一場都如夢似幻，引人入勝。

**MAP P.68 A2** 八坂庚申堂

如何前往

清水道巴士站下車徒步5分、東山安井巴士站下車徒步7分

info

📞075-541-2565 📍東山區金園町390 ⊙

9:00~17:00 ⑤自由參拜

熱鬧的八坂通上除了各式小店與八坂之塔串起的好拍街景外，八坂之塔不遠處的庚申堂前的菩薩像前掛著許多色彩鮮

豔的布猴子「くくり猿」，買一個￥500的布猴子，寫下自己的願望在上面後掛在庚申堂，據說可讓願望實現。

鮮豔的彩色布猴子成為IG拍照熱點！

掛滿商家奉納的無數提燈，夜間提燈點亮時甚是美麗。舞殿上總是

 **MAP P.68 A1** 八坂神社

如何前往

祇園巴士站下車即達

info

📞075-561-6155 📍東山區祇園町北側625 ⊙自由參觀 ⑤自由參拜 🌐www.yasaka-jinja.or.jp/

從東大路通上的階梯拾級而上，香火鼎盛的八坂神社，是關西地區最知名且歷史悠久的神社之一，京都人暱稱它為「祇園さん」。傳說因為昔日災疫不斷而建廟祈願，是京都藝妓們經常造訪的寺廟，也是京都商人們的信仰。八坂神社拜的是保佑商家生意興隆、消災解厄的神祇，建築獨特的神社大殿被稱為「祇園造」，是日本獨特的神社建築，最早的記載見於西元925年。

👉 **有此一說～**

**八坂神社前梯代表人與神的分界地**

一般要進入神社前，最明顯顯示聖俗邊界的就是鳥居，但最多人進出的祇園四条這側的西門口並無設置鳥居，因此只要踏上西門口與人行道交界處的第一個階梯，就算是進到神的境域了。神奇的是，整個八坂神社的界境就位在山丘上，在地質上也確實有一個斷層存在，京都盆地與山丘的兩種地層的接壤處就剛好在第一階的樓梯下方。

境內的建築如宸殿、小御所、華頂殿等都帶著貴族般的高雅氣質。

##  MAP P.68 A2 美御前社

info

⛩八坂神社境內　●自由參觀　⑤自由參拜　🔗
www.yasaka-jinja.or.jp/about/
utukushisha.html

　　來到八坂神社很多人大都只是穿越過去，並不會停留太多時間。下次再經過時，不妨到裏頭的美御前社參拜一下喔。這裡是主祭「宗像三女神」，是祈求身心靈都美的地方，因此大受藝妓及女性從事美容工作者的崇敬，當然男生也適合來參拜，畢竟不論男女大家都想美美的啊。

📖 八坂神社的御神水

　　根源可上溯至京都的「四神相應」說，相傳京都四方各有青龍、白虎、朱雀、玄武四神鎮守。青龍潛伏於清泉湧出處的「龍穴」，一路通往昔日皇室御花園的神泉苑，而龍穴就位在八坂神社本殿下方，故以境內四處湧出自然泉。位於本殿旁的「祇園御神水」被稱作「力水」，喝了這裡的水，再到境內的子社「美御前社」參拜美貌與藝能三女神，取殿旁湧出的「美容水」輕拍臉上，美顏更美心，是祇園藝妓與舞妓磨練「女子力」的秘密武器。

## 卍 MAP P.68 B1 青蓮院

如何前往

京都地下鐵東山駅1號出口徒步8分

info

☎075-561-2345　🏠東山區粟田口三条坊町
🕐9:00~17:00(售票至16:30)；春櫻秋楓夜間特別拜觀18:00~22:00(售票至21:30)　⑤成人¥500，國高中生¥400，小學生¥200；春櫻秋楓夜間特別拜觀成人¥800，國高中小學生¥400　🔗www.shorenin.com

　　青蓮院是賞櫻和觀楓名所，寺廟建築相傳是在平安時代從比叡山的青蓮院移築而來，歷代住持都是由出家的皇室親王擔任，光格天皇在皇居失火燒毀時也曾在此暫住，可見青蓮院與皇家的關係深遠。以龍心池為中心的池泉迴遊式庭園，據說是室町時代的畫家相阿彌所建，北側以杜鵑花聞名的霧島之庭，則為江戶時代的茶師小堀遠州所修築。

# 慢逛京味十足的坂道，
# 又能找到什麼新奇或是古都美味呢？

## 無碍山房 Salon de Muge
### 抹茶聖代

🏠 東山區下河原通高台寺
北門前鷲尾町524

老舖料亭菊乃井所開設
的咖啡沙龍Salon
de Muge，以時
段區分餐點，中
午提供風雅的日式
便當，下午則是各式
甜品與飲料，價格雖然較高，但提
供的服務、空間與餐點皆比照料亭
的規格，摩登中不失京都風味，是
想品嚐米其林三星料亭滋味的入門
首選。推薦在午後散步來這裡，品嚐超濃的抹茶聖代，或是嚐杯講究的紅
茶，一邊欣賞小巧精緻的庭園空間，享受愜意時光。

**濃い抹茶パフェ**
**(濃抹茶聖代)**
**¥1760**
推薦菜

📍P.68B2 🚃京阪電鐵祇園四条駅徒步約15分，祇園站下車徒步約10分 ☎
075-744-6260；075-561-0015(預約電話) 🍴午餐「時雨弁当」(預約
制)11:30~13:00，喫茶11:30~18:00(L.O.17:00) 📅第1、3個週
二、年末年始 🌐kikunoi.jp/kikunoiweb/Muge ❗不接受
6歲以下兒童入店

## %ARABIKA
### 拉花咖啡

🏠 東山區星野町87-5

%ARABIKA店主山口淳一於2014
年得到了世界拉花冠軍的殊榮，現
在也是每天站在店頭為客人拉花。不只拉花技巧純熟，自家
烘焙的豆子香味宜人，入口不苦不澀，且全店不同於古都氣
氛，透明玻璃與原本裝潢，牆上的世界地圖點綴著，味覺就這
麼跟著咖啡一同旅行於世界中。

**拉花拿鐵**
**¥400起**
小編推薦

📍P.68A2 🚃清水道巴士站下車徒步2分，東山安井巴士站下車徒步3分 ☎
075-746-3669 ⏰8:00~18:00 📅不定休 🌐www.arabica.coffee

---

**西尾八ッ橋**
**パフェ**
**(西尾八橋聖代)**
**¥1020**
推薦菜

## 八ッ橋茶屋 ぎをん為治郎
## 清水坂店
### 八橋聖代

🏠 東山區清水2-240-2
2F(本家西尾八ッ橋 清
水坂店2F)

京都專賣名產生八橋的店家有很
多，據說率先作出八橋的是就是西
尾八ッ橋，創業至今已有300年的歷
史，八ッ橋茶屋則是老舖開的甜點
店，最有人氣的甜點正是加入了八
ッ橋的聖代，只見純米戚風蛋糕、八
橋、鮮奶油和抹茶冰淇淋層層疊疊
交織出和風滋味，甜食一族一定要
來嚐嚐！

📍P.68B2 🚃清水道巴士站下車徒步8
分 ☎075-541-8286 ⏰
10:00~18:00(春秋清水寺夜間拜觀時
10:00~21:00) 🌐www.8284.co.jp

**親子丼**
**¥1060**
小編推薦

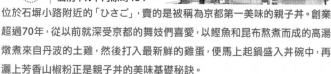

### ひさご

親子丼飯

🏠 東山區下河原通八坂鳥
居前下ル下河原町484

位於石塀小路附近的「ひさご」，賣的是被稱為京都第一美味的親子丼。創業超過70年，從以前就深受京都的舞妓們喜愛，以鰹魚和昆布熬煮而成的高湯燉煮來自丹波的土雞，然後打入最新鮮的雞蛋，便馬上起鍋盛入丼碗中，再灑上芳香山椒粉正是親子丼的美味基礎秘訣。

📍P.68A1 🚌祇園、清水道巴士站下車徒步8分，東山安井巴士站下車徒步2分
📞075-561-2109 🕐11:30~19:00(L.O.18:30) ❌週一(遇例假日順延翌日休)

### 十文堂

烤糰子

**団楽**
**(五種糰子)**
**¥720**
小編推薦

🏠 東山區玉水町76

十文堂以伴手禮「鈴最中」走紅，而其的炙烤糰子近來也是人氣上升，小小的店面裡總是擠滿人，等著品嚐這小巧又可愛的烤糰子。烤糰子份量不大，每一種口味一口就能吃下，吃完不太飽，也滿足了口腹之慾，東山散步途中不妨來這裡休息一下。

📍P.68A2 🚌清水道巴士站下車徒步1分，東山安井巴士站下車徒步3分 📞075-525-3733 🕐11:00~18:00(L.O.17:30) ❌週三、四 🌐jumondo.jp

### Salon de KANBAYASHI

品茗新天地

**綾鷹煎茶**
**¥650**
小編推薦

🏠 東山區下河原通高台寺
塔之前上る 金園町400-1

與可口可樂公司合作推出瓶裝茶飲「綾鷹」的老牌茶行上林春松本店，自創業以來已經有450年悠久歷史，原本是宇治地區的御茶師，經過多年傳承，目前已是第14代。在京都創立的Salon de KANBAYASHI，則是把宇治茶園的優質茶飲與京都風開放式庭園，以及京都陶藝家河原尚子手作陶瓷器皿高雅地融合。

📍P.68A2 🚌清水道巴士站下車徒步2分，東山安井巴士站下車徒步3分 📞075-551-3633 🕐11:30~17:00 ❌週二、週六日例假日不定休 🌐salondekanbayashi.com
❗週六日可能因婚禮包場無法接待散客

京都必遊景點之一，以秋楓聞名，
四季皆能看見不同風彩。

一到秋天境內楓葉開始轉為豔紅、紅橙、燦金等色澤，形成一幅大自然的美麗漸層畫。

京都‧南禪寺

卍 MAP P.78 B2

# 南禅寺
なんぜんじ／Nanzenji

## 造訪南禪寺理由

**1** 經典枯山水庭園是京都必訪日本名庭

**2** 秋天紅葉滿天，度過優雅京都時光

**3** 品嚐一碗京都名物「湯豆腐」

南禪寺範圍不小，包括方丈庭園、方丈、三門、水路閣、南禪院等。巨大的三門建於1627年，式樣古樸而氣勢恢宏，站在樓頂可以遠眺京都周遭美景。方丈建築分為大方丈、小方丈兩個部分，其中小方丈在清涼殿後方，是從伏見城移建而來的小書院，其中的「襖繪」(隔間木門上的繪畫)色彩繽紛，以狩野探幽的傑作「水吞虎」最為有名。

## 南禪寺小檔案

**創建年份：**正應4年(1291)
**山號：**瑞龍山
**本尊：**釋迦如來
**國寶：**方丈、龜山天皇宸翰禪林寺御祈願文案
**重要文化財：**三門、勅使門、絹本著色大明國師像
**地位：**京都五山之上

京都地下鐵東西線【蹴上駅】
京都地下鐵東西線【東山駅】
京阪電車京阪本線【神宮丸太町駅】
京都駅前A1巴士站往【平安神宮‧銀閣寺】5
在【南禪寺永觀堂道】、【南禪寺疏水紀念館】、【岡崎公園美術館】、【平安神宮前】、【岡崎公園動物園前】巴士站下車

075-771-0365　左京區南禪寺福地町　8:40~17:00(售票至16:40)，12~2月至16:30(售票至16:10)　年末(12/28~12/31)　自由參拜；方丈庭園成人￥600，高中生￥500，國中小學生￥400；三門成人￥600，高中生￥500，國中小學生￥400；南禪院成人￥400，高中生￥350，國中小學生￥250　www.nanzenji.or.jp/

至少預留時間
南禪寺參觀：1小時~1小時30分
平安神宮：30分~1小時30分

# Do YOU KnoW

## 來南禪寺必吃湯豆腐？

京都向來以潔淨冰涼的地下水著稱，是製造豆腐的絕佳環境，其中以南禪寺的湯豆腐料理最為知名。做法是在陶鍋中倒入昆布熬出的湯頭，在鍋下方以微火加熱，湯頭將滾之際放入大塊切丁的木棉豆腐，並放入切片或切絲的桔皮增加香味，將火調小慢煮，等豆腐微微發脹並逐漸浮起時，就表示已吸足湯頭味道可以起鍋，以小篩匙撈起一塊豆腐丁至小盤中，沾點桔汁和鰹魚醬油混和的調味料就非常可口。

南禪寺是日本鎌倉時代的建築物，主要特色就是擁有碩大宏偉的風格，充滿樸素而朝氣的禪宗意味。

南禪寺境內有一座紅磚砌造的拱形橋——水路閣，站在下方可以看見層層疊疊的紅葉，點綴在這座古老的橋樑。

方丈庭園是融合清涼殿、庭園、羊角嶺大日出等構成的枯山水派庭園，為慶長年間小堀遠州的作品。

## 怎麼玩南禪寺才聰明？

### 賞櫻花、楓葉好去處

到京都賞櫻，當然不能錯過哲學之道，從銀閣寺一路散步到南禪寺，漫步於櫻花滿開的美麗小徑上，沿途還彎進寺廟或神社參拜一番，感受日本才有的季節美景。

### 南禪寺湯豆腐

從南禪寺道開始到山門，沿途幾乎都是掛著湯豆腐旗幟的店家，楓葉季時找處有庭院的店家，邊品嚐著名的湯豆腐料理，邊欣賞在陽光下搖抑曳生姿的楓樹。

### 岡崎循環巴士串聯行程

岡崎循環巴士(岡崎ループ)行駛於河原町三条、京都市役所、岡崎公園、動物園、南禪寺、青蓮院到知恩院之間，利用各停靠站串聯行程也很方便。
❶目前暫時運休中

# 到南禪寺品味春櫻秋楓的季節風情之外，還有什麼不能錯過的美麗景點呢？

## ❶三門

抵達南禪寺映入眼簾的是象徵性存在的三門，登上三門，歌舞伎『樓門五三桐』中的絕世神偷石川五右衛門就是由此說出著名台詞：「絕景啊～」，不少遊客到此也會不禁發出如此感嘆。

從三門微微看見春櫻透露出的典雅姿態，也宣告櫻花紛飛的美景到來。

**南禪寺**

高德庵
本坊
方丈 ❷
歸雲院　龍淵閣
❹ 水路閣
南禪院
法堂
←往永觀堂
南禪僧堂
正因庵
正的院
聰松院
❶ 三門
❸ 天授庵
慈氏院
中門
真乗院
勅使門
觀門亭
南陽院
往蹴上駅→
牧護庵
金地院
南禪會館
大寧軒
⊕南禪寺前

 參觀三門解構

**❶歇山式屋頂**
日本建築廣泛採用的屋頂樣式，看起來更為壯觀雄偉。

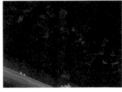

**❷斗拱組**
利用交錯的梁、柱等支撐厚實的屋頂，是寺社建築中不可獲缺的裝飾。

**❸基壇**
主要避免雨水入侵，也有為建築氣派更加分。

**❹柱**
使用粗壯的圓柱支撐。

**❺扇形椽木**
椽木用於支撐屋瓦下方木板，屋頂使用呈放射狀的唐式造型。

**❻屋頂裝飾**
隱藏在屋頂上方的懸魚造型眾多，此為三花懸魚造型。

京都：南禪寺

## ❷方丈庭園枯山水

　方丈庭園「虎子之渡」是江戶初期枯山水庭園的代表，由小堀遠州在慶長年間所作。庭內以白砂當作海洋，岩石與花草象徵人間天堂，砂海中的兩塊巨石代表老虎與小虎，描繪著老虎帶著幼子前往人間淨土的意境。

## ❸天授庵

　南禪寺固定開放的小院之一。秋天時從入門開始就是豔紅、紅橙、燦金等色澤不同的紅葉，裡頭的兩處庭院各有風情。

## ❹水路閣

　南禪寺境內的水路閣，是明治年間建造的琵琶湖疏水道。紅磚拱形的西式建築古典而優美，沿步道走至水路閣上方，清澈的水流依然奔流不息。穿過水路閣、位於南禪寺高點的南禪院，則是由夢窗疎石所打造的池泉迴游式庭園。

### 琵琶湖疏水道也有紀念館！

流經南禪寺、平安宮前的琵琶湖疏水道，竣工於明治23年(1890)，曾身兼航行、發電、灌漑等多重功能，是推動京都整體的都市化發展的功臣，也是當時的重大

工程之一。現在船隻已不再航行，但每到春天，粉色櫻花沿著寬闊水道綻放紛落的美景，仍然吸引人們前往。紀念館內保存當時的資料，讓民眾更了解這項工程的艱困。

### 南禪寺吃豆腐

南禪寺外精選兩間必嚐老店給你！

‧南禪寺順正

1839年即創業，南禪寺門外環境優雅的順正書院以湯葉料理、湯豆腐著稱，現做現吃的湯葉料理，新鮮湯葉沾著薄醬油和桔汁品嚐都非常美味可口。

📍左京區南禪寺門前　🕐11:00~21:30(L.O.20:00)

‧奧丹 南禪寺店

奧丹除了有經典湯豆腐，還有清涼的胡麻豆腐、烤豆腐、蔬菜天婦羅、山藥飯等，讓人吃出豆腐淡雅也能滿足口腹。

📍左京區南禪寺福地町86-30　🕐11:00~17:00(L.O.16:15)　🚫週四

現在這段軌道上留有當年的台車和簡單的紀念碑，以春櫻爛漫時最為美麗。

## ❺蹴上傾斜鐵道インクライン

　位於琵琶湖疏水道靠南禪寺的一段，因為高低的落差使得船隻無法順利通行，當年建造了專門載運船隻接駁的台車及專用的軌道，名為インクライン，即是譯自英文的incline。

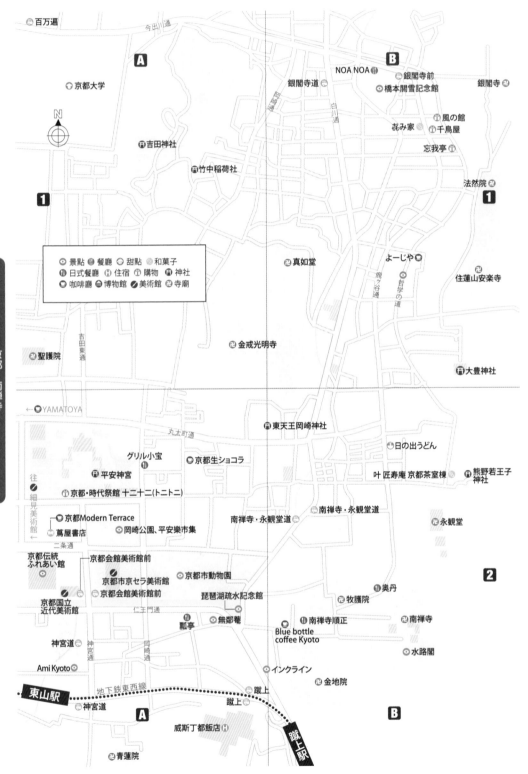

⊙ 百万遍

今出川通

Ⓐ

⊙ 京都大学

銀閣寺道

NOA NOA 🍴    Ⓑ

🚏 銀閣寺前    銀閣寺 🚏

白川通

叡山電車道

⚟ 橋本關雪記念館

🚏 風の館

洸み家 🍴

🍴 千鳥屋

N

🚏 吉田神社

忘我亭 🍴

法然院 ⚟    **1**

**1**

🚏 竹中稲荷社

よーじや ☕

景貼 🍴 餐廳 ☕ 甜貼 ◉ 和菓子

真如堂 ⚟

住蓮山安楽寺 ⚟

🍴 日式餐廳 🏨 住宿 ◉ 購物 🚏 神社

鹿ヶ谷通

哲学の道

☕ 咖啡廳 🏛 博物館 ∥ 美術館 ⚟ 寺廟

吉田東通

⚟ 聖護院

⚟ 金戒光明寺

🚏 大豊神社

京都：南禅寺

← ◉ YAMATOYA

丸太町通

🚏 東天王岡崎神社

🚏 日の出うどん

グリル小宝 🍴

◉ 京都生ショコラ

叶 匠寿庵 京都茶室棟

🚏 平安神宮

🚏 熊野若王子神社

往 ∥ 細見美術館 ←

🚏 京都・時代祭館 十二十二(トニトニ)

南禅寺・永観堂道

南禅寺・永観堂道

🚏 永観堂

◉ 京都 Modern Terrace

◉ 蔦屋書店

◉ 岡崎公園、平安樂市集

二条通

**2**

京都伝統 ふれあい館

🚏 京都会館美術館前

京都市京セラ美術館 ∥

🚏 京都市動物園

🍴 奥丹

牧護院 ⚟

🚏 京都会館美術館前

琵琶湖疏水記念館 🏛

🚏 南禅寺

京都国立 近代美術館 ∥

仁王門通

🍴 瓢亭    🏨 無鄰菴

🍴 南禅寺順正

Blue bottle coffee Kyoto

神宮道

神宮通    岡崎通

⚟ 水路閣

Ami Kyoto ◉

◉ インクライン

⚟ 金地院

Ⓐ    蹴上

🚏 神宮道    蹴上

威斯丁都飯店 🏨

Ⓑ

⚟ 青蓮院

## 南禪寺周邊還有哪些不容錯過的美景，當成一天順遊行程也很方便～

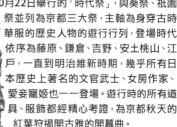

平安神宮是仿過去平安時代的宮廷所建，規模宏偉。

---

### 平安神宮

MAP P.78 A2

**如何前往**

京都地下鐵東山駅1號出口徒步15分，岡崎公園美術館、平安神宮前、岡崎公園動物園前巴士站下車徒步即達

**info**

075-761-0221　左京區岡崎西天王町97

2/15~3/14、10月6:00~17:30，3/15~9月至18:00，11月~2/14至17:00；神苑2/15~3/14、10月8:30~17:00，3/15~9月至17:30、11月~2/14至16:30，入苑至閉苑前30分　自由參拜；神苑成人¥600，兒童¥300　www.heianjingu.or.jp

　　平安神宮位於岡崎公園北邊，是1895年為了慶祝奠都平安京1100年所興建的紀念神社。平安神宮的格局以3/4之2的比例，仿造平安時代王宮而建，裡面共有8座建築，並以長廊銜接北邊的應天門和南邊的大極殿。從入口的應天門走進平安神宮，可以看見色澤豔麗、紅綠相間的拜殿和白虎、青龍兩座樓閣，至大殿參拜和遊逛廣場都不需要門票。

---

**平安神宮也可以參加祭典**

於每年10月22日舉行的「時代祭」，與葵祭、祇園祭並列為京都三大祭，主軸為身穿古時華服的歷史人物的遊行行列，登場時代依序為藤原、鎌倉、吉野、安土桃山、江戶，一直到明治維新時期，幾乎所有日本歷史上著名的文官武士、女房作家、愛妾寵姬也一一登場。遊行時的所有道具、服飾都經精心考證，為京都秋天的紅葉狩揭開古雅的開幕曲。

---

### 平安樂市集

如果你是剛好是每月第二個週六來到平安神宮，別忘了順道逛逛在宮外岡崎公園裡的平安樂市，這個手作市集主要以有在京都開店的店家來擺攤為主，因此商品水準都很整齊，聚集攤位從吃喝、買通通有，相當多元，加上公園範圍廣大，即使隨時想歇腿放鬆，也空間廣闊、氣氛悠閒。

岡崎公園 (平安神宮前)
每月第2個週六，10:00~16:00

# 京都·時代祭館 十二十二

MAP P.78 A2

### 如何前往
同平安神宮

### info
📞075-744-1680 🏠左京區岡崎西天王町97-2
🕐10:00~18:00 ❌週一(遇假日照常營業)

www.1022.kyoto

取名自平安神宮遷都日期10(十)月22(二十二)，為了紀念這日期也特意以此為名。

整個館剛於2017年底開幕，除了將京都知名祭典「時代祭」找來映畫作家，以科技影像作品融入空間設計，也把京都職人提燈布置其中。二層樓的寬廣空間中更引入超過30家美食與京都代表名品，其中不乏京都老舖與話題店鋪商品。

2樓的商品區，集結各式日本好物，提供購物免稅服務。

---

# 京都岡崎 蔦屋書店

MAP P.78 A2

### 如何前往
同平安神宮

### info
📞075-754-0008 🏠左京區岡崎最勝寺町13
ロームシアター京都Park Plaza 1F
🕐8:00~22:00 real.tsite.jp/kyoto-okazaki

承襲建築師前川國男「融入在地」設計理念，低調氣氛不帶給周遭環境負擔。

大名鼎鼎的蔦屋書店已經是前往東京旅遊的遊客們必訪之處，在關西，蔦屋書店選擇落腳在京都岡崎區，入駐位在平安神宮旁的ロームシアター京都會館一角。2016年開幕的蔦屋書店，店內雖然占地不大，但也為外國旅客開設免稅櫃檯，店內書籍都可以攜入一旁星巴克，一邊品嚐咖啡一邊翻閱。

---

# 永観堂

MAP P.78 B2

### 如何前往
京都地下鐵蹴上駅1號出口徒步15分

### info
📞075-761-0007 🏠左京區永観堂町48
🕐9:00~17:00(售票至16:00) 💲成人￥600，國高中小學生￥400；秋季寺寶展(11/5~12/4)成人￥1000，國高中小學生￥400 www.eikando.or.jp

永觀堂以秋天紅葉聞名，而有「紅葉的永觀堂(もみじの永觀堂)」之雅稱。院內本堂安置的阿彌陀如來像非常有名，特別在於佛像的臉並不是看著前方，而是往左後方回頭，稱為「回望阿彌陀佛」。

寺院範圍內有許多形式各異的院舍，院舍之間都以迴廊銜接。

# 串·聯·行·程 銀閣寺·哲學之道

每到京都旺季的櫻花、紅葉時節，哲學之道上就擠滿人潮，櫻花大約是在3月底至4月初約一週的期間盛開，紅葉時期則約為11月份，而占地不大的銀閣寺，同時擁有枯山水與迴遊式庭園景觀，名庭與花景下一起度過優雅的京都時光。

◎於京都駅前巴士站A1搭乘5號巴士、A2搭乘17號巴士於銀閣寺前或銀閣寺道下車，徒步約10分即達。
◎腳力好的人也可從南禪寺步行前往，路程約30分鐘，行經哲學之道沿途有大小寺社，並以銀閣寺作結尾景點。

## 卍 銀閣寺

info

🌐P.78B1 📞075-771-5725 🏠左京區銀閣寺町2 🕐8:30~17:00，12~2月底9:00~16:30 💰高中生以上￥500，國中小學生￥300；特別拜觀￥2000(入山費另計，附特別御朱印)，入山費高中生以上￥500，國中小學生￥300 🌐www.shokoku-ji.jp/ginkakuji/

　銀閣寺全體造景枯淡平樸，本殿銀閣也僅以黑漆塗飾，透著素靜之美。占地不大的銀閣寺，同時擁有枯山水與迴游式庭園景觀。以錦鏡池為中心的池泉迴游式山水，是由義政親自主導設計，水中倒影、松榕、錦鯉、山石，似乎透露著歷經紛亂之後的沈澱與寧靜。

## 👁 哲學之道

info

🌐P.78B1 🏠銀閣寺~南禅寺一帶 🕐自由參觀

　哲學之道沿著水渠兩旁的小徑共種植著500多株「關雪櫻」，名稱的由來為大正10年，京都畫壇名家橋本關雪的夫人在此栽種櫻花因而得名。哲學之道的由來是因昔日哲學家西田幾多郎，經常在此沉思散步之故取名為「哲學之道」。

## ⛩ 熊野若王子神社

### info

P.78B2 ☎075-771-7420 ◎左京區若王子町2 ◎自由參觀 ⑤自由參拜

位於永觀堂北側，與熊野神社、新熊野神社並稱「京都三熊野」的熊野若王子神社是日本古代山岳信仰的神道教所屬的神社，為1160年由後白河天皇所建，明治時代神教與佛教分離，如今僅存神社，秋天是內行人才知道的紅葉名所。

門前參道兩旁有兩座白砂堆成的「砂盛」，走過砂盛中間有潔淨身心之喻。

### info

P.78B1 ☎075-771-1351 ◎京都市左京區鹿ケ谷宮ノ前町1 ◎自由參觀 ⑤自由參拜

建於平安時代前期仁和3年(887)的大豐神社，在境內的末社大國社前，還可以看到特別的狛鼠。相傳祭神大國主命當年遭野火侵襲，命在旦夕時，是小老鼠出現將大國主命引至附近的洞穴中，大國主命因而能存活。因此，大國社前不用傳統的狛犬，而是以老鼠取代之，並成為健康、長壽、福德的象徵。

## 卍 法然院

### info

P.78B1 ☎075-771-2420 ◎左京區鹿ケ谷御所ノ段町30 ◎6:00~16:00；伽藍 特別公開春季(4/1~4/7)9:30~16:00，秋季(11/18~11/24) 9:00~16:00 ⑤自由參拜；伽藍內特別公開春季(4/1~4/7)￥800，秋季(11/18~11/24)￥800 ⓦwww.honen-in.jp

建於西元1680年的法然院為了記念日本佛教淨土宗開山祖師——法然上人所建。法然院包括本堂和庭園，本堂供奉著一尊阿彌陀佛如來座像，庭園則屬於池泉迴遊式。春天以山茶花聞名，秋天則是紅葉名景之一。

金黃色建築輝眼非凡，
依山傍水的景色已成為　京都定番景點

京都：金閣寺

改建自室町時代足利義滿將軍的山莊，鏡湖池上閃閃發光的金閣象徵著一世浮華，彷彿非現實的奇幻風景。

**MAP P.86 B1**

# 金閣寺
きんかくじ／Kinkakuji

**造訪金閣寺理由**

1 京都必訪世界遺產

2 金光閃閃的純金樓閣，彷彿超現實的寺院風景

3 與清水舞台並列為最有京都代表風景之一

金閣寺是由足利義滿於1397年打造，在建築風格上融合了貴族式的寢殿造與禪宗形式，四周則是以鏡湖池為中心的池泉迴遊式庭園，並借景衣笠山。整座寺閣都是使用金箔貼飾，也因而被封上「金閣寺」的美名。昭和25年7月2日(1950)，金閣寺慘遭焚毀，稱為「金閣炎上事件」，現在所看到的金閣寺是於昭和30年(1955)重建，30年後再貼上金箔復原。

075-461-0013　北區金閣寺町1
9:00~17:00　高中生以上¥400，國中小學生¥300　www.shokoku-ji.jp/kinkakuji/

至少預留時間
逛逛金閣寺：2小時
北野天滿宮周邊旅遊：2~3小時

京福電氣鐵道嵐電北野線【北野白梅町駅】
京都駅前B2巴士站往【二条城·北野天滿宮·金閣寺】50
京都駅前B3巴士站往【金閣寺·北大路】205
在【金閣寺道】、【金閣寺前】、【北野天滿宮前】巴士站下車

天晴之日，金碧輝煌的金閣寺映於水中，倒影搖曳，是旅人最愛取景地；每到冬季的「雪粧金閣」更是夢幻秘景。

### 📖 金閣寺與三島由紀夫

在京都眾多寺院中，金閣寺得以成為代表並與富士山並列為日本最具代表性的名景，歸功於三島由紀夫的同名小說。這部小說是根據金閣炎上事件而寫成的，三島由紀夫以縱火犯為主角，細膩的描寫其如何為金閣寺神魂顛倒、如何開始妄想著炎上金閣的反常美感，而終於藉著自己的手將夢中出現的景象幻化成真。

### 🔊 金閣寺V.S.銀閣寺

銀閣寺與金閣寺皆由室町時代的足利家族所建，不同的是，室町時代第3代將軍——足利義滿興建金閣寺是正值室町時代的全盛期，而銀閣寺則是無力平定戰亂的義政在1473年辭去將軍職後才開始興建。相較與金閣的奪目耀眼，銀閣寺造景平樸，本殿也僅以黑漆塗飾，透著素靜之美。

## 怎麼玩金閣寺才聰明？

### 欣賞金閣寺的紅葉之美

金閣寺賞楓最佳位置就是前方因水面波紋平如鏡而得名的「鏡湖池」，只見金光耀眼的金閣與火紅的紅葉相互輝映，景色極端絢麗。

### 與北野和西陣串聯行程

小巷弄中隨意走走逛逛，天滿宮祈求學業精進，來到西陣體會早期織布業的風華，而許多咖啡、小賣店更是讓人逛得不亦樂乎！徒步約15~30分，或可搭乘市巴士12、59號。

# 來到金閣寺不止看建築，境內還有什麼有趣的景點呢？

## 門票

金閣寺的門票就是一張守護符，可以留作紀念。

## 金閣寺

三層樓閣的金閣寺位於鏡湖池畔，正式名稱為「鹿苑寺」，建築底層為「阿彌陀堂法水院」，第二層是稱為「潮音閣」的觀音殿，最上層則是仿唐室建築的格局，一隻飛舞的金色鳳凰矗立在屋頂，十分醒目。

金閣寺

## 衣掛之路

沿著衣笠山而行的衣掛之路，是一條有青翠山景，又途經金閣、龍安、仁和三大列名世界文化遺產的古剎的庭園之旅路徑，而其他可以順道拜訪的景點，如大德寺、妙心寺等，也都有著名的庭院，所以路途雖長，但變化情趣多。

## 大文字五山送火

夏天的京都除了動態的祭典，就屬大文字五山送火最具代表。其由來相傳與盂蘭盆會習俗有關，每年8月中的盂蘭盆會是送亡靈渡向彼岸的日子，當晚8點開始，以東山的「大」文字為首，依序在包圍著京都市區的五座山頭上點燃「妙法」、「船形」、「左大文字」和「鳥居形」共五個文字或圖案。五山送火活動時間短暫，建議選定其中一個字形前往觀看就好。

● 8月16日20:00~20:30 ○「大文字」賀茂川(鴨川)堤防。「妙」地下鐵烏丸線「松ヶ崎」駅周邊。「法」高野川堤防。「船形」御薗橋周邊。「左大文字」西大路通(西院~金閣寺)。「鳥居形」松尾橋周邊、廣澤池周邊

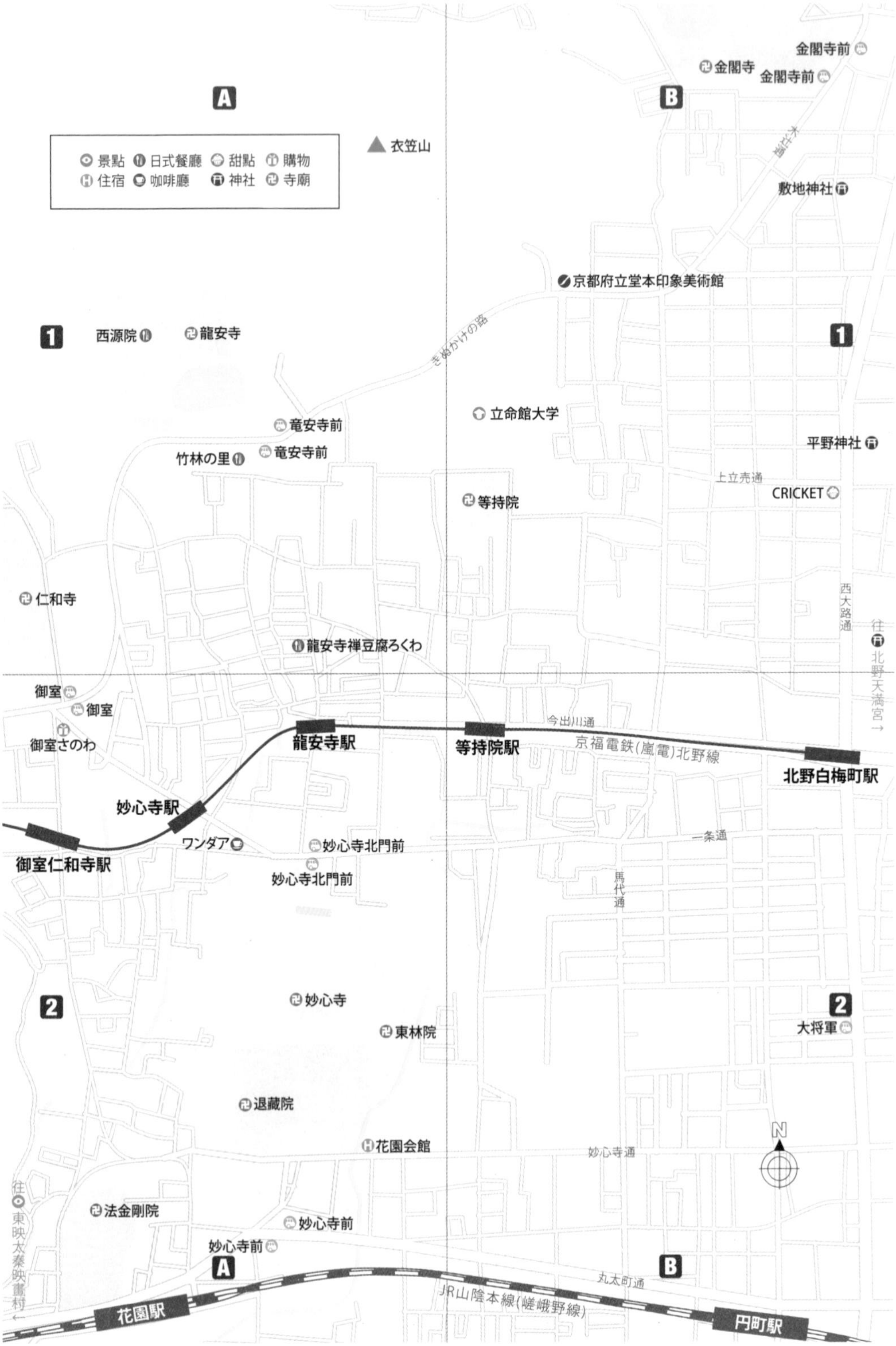

**A**

| | | | |
|---|---|---|---|
| ◎ 景點 | ❶ 日式餐廳 | ◎ 甜點 | ⑪ 購物 |
| ⑪ 住宿 | ⑪ 咖啡廳 | ⑪ 神社 | 卍 寺廟 |

▲ 衣笠山

**B**

卍金閣寺　金閣寺前

金閣寺前

敷地神社 ⑪

◢京都府立堂本印象美術館

**1**　西源院 ⑪　卍龍安寺

**1**

⑪ 龍安寺

← 立命館大学

平野神社 ⑪

卍 竜安寺前

上立売通

CRICKET ◎

竹林の里 ⑪　卍 竜安寺前

卍 等持院

西大路通

卍 仁和寺

卍 龍安寺禅豆腐ろくわ

御室 ⑪

⑪ 御室

御室さのわ

龍安寺駅

今出川通

京福電鉄(嵐電)北野線

往 ⑪ 北野天満宮 →

等持院駅

妙心寺駅

北野白梅町駅

ワンダア ◎

御室仁和寺駅

卍 妙心寺北門前

一条通

妙心寺北門前

馬代通

**2**

卍 妙心寺

**2**

大将軍 ⑪

卍 東林院

卍 退蔵院

妙心寺通

Ｎ

⑪花園会館

往 ◎ 東映太秦映画村

卍 法金剛院

卍 妙心寺前

妙心寺前

**A**

**B**

丸太町通

JR山陰本線(嵯峨野線)

花園駅

円町駅

京都：金閣寺

順遊景點

## 金閣寺和周邊景點都有點距離，不妨利用巴士，探索更多京風景

卍 MAP P.86 A2 **妙心寺**

**如何前往**

京福電氣鐵道妙心寺駅下車徒步7分，妙心寺北門前巴士站下車徒步1分

**info**

075-463-3121 右京區花園妙心寺町64

自由參觀；法堂和大庫裏9:00~12:00，13:00~16:00(售票至15:30) 自由參拜；法堂和大庫裏成人￥700，國中小學生￥400

www.myoshinji.or.jp 12:00~13:00無售票

為臨濟宗妙心寺派大本山的妙心寺，位在京都市右京區花園。以前這裡曾是各大公卿的住所，所以開墾了許多花田，才會有這麼美麗的名字。妙心寺原本是皇室的離宮，當時住在這裡的第95代天皇「花園法皇」在這裡鑽研佛法，進而將這裡改成佛寺。妙心寺境內共有46座大大小小寺院，法堂中有國寶雲龍圖，這可是狩野探幽的親筆真跡，十分值得一看。

---

## 妙心寺遊玩TIPS

**・退藏院**

在妙心寺境內46座寺院之中，退藏院要是居其二，退藏院以庭園山水及收藏日本水墨畫派初期作品「瓢鮎図」而聞名，其中相傳由狩野元信製作的枯山水庭園「元信の庭」、通過竹管能聽到水音的「水琴窟」，都是難得一見的景點。

**・東林院體驗精進料理**

參加東林院的精進料理會(每週二、五上午10:00~13:00，預約制)，可以實際進到寺院廚房裡，學會3道素食料理，及料理為修行的精進料理精神。在住持說明後，會依當天人數分成2~4組、一起動手煮菜，在住持帶領下念誦〈食事五觀文〉，接下來在氣氛幽靜的寺院內享用素食午餐。課程以日文進行，建議日文有一定程度參加更好玩。

京都：金閣寺

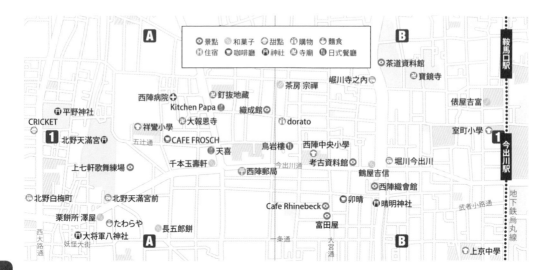

◎景點　◎和菓子　◎甜點　◎購物　◎麵食
⊕住宿　◎咖啡廳　◎神社　◎寺廟　◎日式餐廳

鞍馬口駅
今出川駅
地下鉄烏丸線

茶道資料館　◎寶鏡寺
堀川寺之內
俵屋吉富
西陣病院✚　◎釘抜地藏　茶房 宗禪
平野神社　Kitchen Papa　織成館
CRICKET　祥鸞小學　◎大報恩寺　◎dorato
室町小學
北野天滿宮　CAFE FROSCH
五辻通　鳥岩樓　西陣中央小學　◎堀川今出川
上七軒歌舞練場　◎天喜　考古資料館
千本玉壽軒　今出川通　鶴屋吉信
西陣郵局　西陣織會館
北野白梅町　◎北野天滿宮前　Cafe Rhinebeck　◎卯晴　晴明神社
栗餅所 澤屋　◎たわらや　長五郎餅　富田屋　武者小路通
西大路通　◎大将軍八神社　一条通　大宮通　◎上京中學
妖怪大街

MAP P.88 A1　北野天滿宮

如何前往
北野白梅町巴士站下車徒步5分、北野天滿宮前巴士站下車即達

info
☎075-461-0005　⌂上京區馬喰町　◷4~9月
5:00~18:00，10~3月5:30~17:30；寶物殿1/1、
12/1、每月25日、梅花紅葉季 9:00~16:00；梅苑
2月初~3月下旬9:00~16:00；もみじ苑10月下
旬~12月上旬9:00~16:00，夜間點燈11月中旬~12
月上旬日落~20:00；緣日(天神日)每月25日
6:00~21:00(日落開始點燈)　⑤自由參拜；寶物殿
成人￥1000，國高中生￥500，小學生￥250，小學
生以下免費；梅苑(附茶菓子)國中生以上￥1000，
兒童￥500；もみじ苑(附茶菓子)國中生以上
￥1000，兒童￥500　🌐www.kitanotenmangu.
or.jp

　北野天滿宮供奉著平安時代的學者菅原
道真。他在日本的民間是位非常有道德勇
氣的文人學者，也是有名的學問之神，許多
人會來此祈求學業進步、金榜題名。每到冬
天，北野天滿宮變成京都最有名的賞梅所，
每年2月25日梅花祭時，上七軒的藝妓及舞
妓會來此參拜，衣香鬢影間美不勝收。

# Do YOU KnoW

## 北野天滿宮天神市

「天神市」是
每月25日在北
野天滿宮境內
定期舉辦的跳
蚤市場。雖然
每個月都有，
但又以1月25日的「初天神」，和12月25日的
「終天神」最為熱鬧，多達千餘家的攤販在此
聚集，除了古董和服店，還有販賣日本昭和年
代雜貨、古董玩具、舊時鐘、舊洋娃娃、陶瓷
器等店家。

# 金閣寺周邊的店家不多，不如將腳步踏到北野天滿宮或西陣地區隨意找間小店休息一下！

## たわらや

烏龍麵

たわらうどん
(招牌烏龍麵)
¥700
推薦菜

🏠 上京區御前通今小路下ル
馬喰町918

北野天滿宮前有棟400年歷史的京都町家建築，烏龍麵老舖たわらや便以此為據點，使用嚴選食材熬煮湯頭，最出名的就是粗達1公分的超長烏龍麵，長長的就這一根，配上清爽的特製湯頭和薑泥，口感十足，滋味非常特別，以筷子夾起唯一一條烏龍麵慢慢咀嚼，用餐過程也相當有樂趣。

📍P.88A1 🚌北野天滿宮前巴士站下車即達 ☎075-463-4974 🕐11:00~16:00(L.O.15:30) 🈺不定休

## 粟餅所 澤屋

手作麻糬

🏠 上京區今小路通御前西
入紙屋川町838-7

位於北野天滿宮對面公車站旁的粟餅所澤屋是天滿宮前有名的點心之一，開業至今有300多年的歷史。粟是小米，餅是麻糬；澤屋的粟餅，有長條狀佐黃豆粉的和球形外裹紅豆泥的2種，可以充分感受到黃豆、紅豆和小米的香氣，並享受麻糬柔軟中帶著彈性的口感。

粟餅所 澤屋
粟餅 白5個
¥650
小編推薦

📍P.88A1 🚌北野天滿宮前巴士站下車即達 ☎075-461-4517 🕐9:00~17:00 🈺週四、每月26日 ❗粟餅很快就會變硬，如果可能的話，建議在店裡食用

平日午間
天婦羅特別會席
¥6600
推薦菜

## 天喜

野菜天婦羅

🏠 上京區千本今出川上ル上
善寺町89

天喜是創業自昭和8年的高級天婦羅專門店，清幽環境吸引許多富商名士，也是將天婦羅帶入京都懷石料理的創始者。富季節感的京野菜以及新鮮魚蝦天婦羅，沾以薄粉輕炸，口味清爽鮮甜，連好萊塢大導演史蒂芬史匹柏都曾是座上客呢！

📍P.88A1 🚌上七軒巴士站下車徒步3分、千本今出川巴士站下車徒步5分 ☎075-461-4146 🕐11:30~20:00(L.O.) 🈺週一(遇假日照常營業) 🌐kyoto-tenki.com

## CAFE FROSCH

町家咖啡

🏠 上京區七本松通五辻上
ル東柳町557-7

三明治(附沙拉)
¥780起
小編推薦

CAFE FROSCH前身為西陣織屋的町家，以超人氣的手工發酵麵包與貝果，成為社區居民們讚不絕口的「巷仔內美食」。最受歡迎的三明治，是以自家製土司夾入淋上橄欖油的現烤京蔬菜(如茄子、蘿蔔)，咀嚼後能嚐到特別的芝麻葉香氣。臨走前還建議外帶做麵包，現做的無花果雜糧麵包口感紮實、麥香十足，即使隔夜再吃依然美味。

📍P.88A1 🚌上七軒巴士站下車徒步3分、千本今出川巴士站下車徒步5分 ☎075-200-3900 🕐9:00~17:00 🈺週四、五(遇假日、25日彈性營業) 🌐www.cafe-frosch.com

# 串·聯·行·程 西陣

西陣在早期是織物產業的集中地，由於充滿著寧靜卻宜人的町家街道氣氛，因此近年也進駐了許多個性小店與咖啡廳，若想挑選美味餐廳休息一下，有個小秘訣，只要門口停滿單車，就是在地人最愛的人氣店。

◎從金閣寺出發徒步約15~30分，或可搭乘市巴士12、59號。
◎到晴明神社，搭乘9號、12號巴士於一条戻橋巴士站下車，徒步2分即達。
◎前往西陣一帶可在堀川今出川巴士站下，徒步1分即達西陣織會館。

 **晴明神社**

這裡曾是安倍晴明昔日居所，因而建造神社。

info
P.88B1　075-441-6460　上京區堀川通一条上ル晴明町806　9:00~17:00(授与所至16:30)　自由參拜　www.seimeijinja.jp

晴明神社供奉的是平安時代的御用陰陽師(風水師)：安倍晴明。陰陽師負責天文、氣象、曆法、占卜等術，傳說擁有降魔除厄的道法，安倍晴明就是其中法力特高，最知名的陰陽師，留下許多傳奇故事，還曾拍成電影，每年9月22、23日在神社前會舉辦多達400人的古裝祭典追祀。

神社境內到處都能見到五芒星標誌。

**晴明神社看這些**

**一条戻橋**
傳說晴明將式神(聽從召喚的靈體)藏在橋下，只要有人經過他便會知曉。真正的一条戻橋位在神社不遠處，而境內的縮小版則是供人憑弔。

**晴明井**
京都名水之一，據傳有治療百病的功效。每到立春時節，社方人員會依照天干地支來調整水流方位，十分有名。

**厄除桃**
自古以來，桃子被陰陽道認為是除厄的果實，瘋狂的日本人更深信把手機的桌面改成厄除桃的照片，便能招來好運。來到這裡別忘了來摸一摸，感受晴明的威力。

京都：金閣寺

## 鶴屋吉信京都本店

info

🔖P.88B1　📞075-441-0105　🏠上京區今出川通
堀川西入る　🕐1F賣店9:00~18:00,2Fお休み
処・菓遊茶屋10:00~17:00(L.O.16:30)　📅週三
💰季節の生菓子とお抹茶(季節和菓子附抹茶組
合)￥1210　🌐www.tsuruyayoshinobu.jp

在全日本擁有超過80家店舖的京都老
店鶴屋吉信創業於1803年,最有名的和菓
子為美麗的羊羹。這裡的和菓子原料不
出糯米、糖與紅豆、大豆之類的穀物,但
其千變萬化的美麗造型及精巧的程度常
讓人只願欣賞而不忍入口。

眼欣賞和菓子師傅當場製作精美的菓子。位在2樓的「菓遊茶屋」,可以親

## 👁 西陣織會館

info

🔖P.88B1　📞075-451-9231　🏠上京區堀川通今
出川南入　🕐10:00~16:00　📅週一(遇假日順延翌
日休)、12/29~1/3　💰自由參觀,租借和服(預約
制)￥3300~16500　🌐nishijin.or.jp/nishijin_
textile_center/　❗3F和服秀目前暫停舉辦

---

### 👉 有此一說～

**西陣織的歷史**

西陣織在五~六世紀間隨著
來自中國的秦氏一族傳入
日本,在平安時代因官營而
有高度發展。應仁之亂後,
紡織業者們選在西軍的陣
地重新開業,西陣織因此得
名,並於1976年被指定為日
本傳統工藝之一。直到今
日,西陣織仍是最高級紡織
品的代名詞。

京都傳統工藝中與穿有關的首推西陣
織與京友禪。西陣是地名,自十五世紀
起,織物職人們慢慢在這一帶聚集,製造
於此的華美織品,於是被稱為西陣織。西
陣織會館中可以看到西陣織的發展歷史
及手織機的現場表演,還可以欣賞彷如時
裝發表會的和服秀。2樓還有商店街展售
西陣織相關商品,也提供一般十二單衣或
舞妓的試著體驗服務(需事先預約)。

**重現平安時代的朱紅寺社，
境內的戀愛神社更是吸睛！**

下鴨神社從外圍氣氛幽靜的森林、可愛的河合神社到莊嚴的本殿內部，展現不同面貌的京味風景。

京都：下鴨神社

开 MAP P.96 A2

**下鴨神社**
しもがもじんじゃ／Shimogamojinjya

**造訪下鴨神社理由**

1 保留自平安時代的朱紅寺社與繁綠森林之境

2 擁有千年歷史的重要祭典：葵祭與蹴鞠

3 神泉水與鏡繪馬，女子力大增

有著朱紅外觀的下鴨神社，擁有古典的舞殿、橋殿、細殿與本殿等建築，全部的殿社建築皆按照平安時代的樣式所造，線條簡潔卻帶著濃濃的貴族氣息。而下鴨神社的本殿不但是國寶，更是每年5月舉行的京都兩大祭典流鏑馬(5月3日)與葵祭(5月15日)的重要舞台，過年時的踢足球儀式「蹴鞠始め」也是一大盛事，穿著平安時代貴族衣飾的人物按照古代的儀禮舉行各項活動，時空彷彿瞬間拉回了千百年前風雅的平安朝。

京阪電車京阪本線【出町柳駅】
叡山電鐵叡山本線【一乘寺駅】
京都駅前A2巴士站往【四条河原町・下鴨神社】4・17・205
在【下鴨神社前】、【北白川別当町】巴士站下車

## 葵祭

每年在5月15日舉行的葵祭是京都三大祭之一，自平安時代就流傳下來已千年歷史，因古時參加此祭的貴族百官們均在衣飾間裝飾葵葉而得名。祭典當天，約500多名人員從京都御所出發，沿著鴨川經下鴨神社走至上賀茂神社，遊行的隊伍讓人彷彿回到千年以前的平安京。

包圍著下鴨神社的紅之森保留平安建都以來，京都高速發展的原初地貌，1994年與下鴨神社一同列入世界遺產。

### 下鴨神社小檔案
**原名**：賀茂御祖神社
**主祭神**：賀茂建角身命(西本殿)、玉依媛命(東本殿)
**創建年份**：崇神天皇7年(BC90年)
**國寶**：東本殿、西本殿
**重要文化財**：樓門、舞殿等53棟建築物
**例祭**：5月15日(葵祭)

ℹ️
☎ 075-781-0010　📍左京區下鴨泉川町59　🔽
6:30~17:00、特別拜觀「大炊殿」10:00~16:00
💰自由參拜；特別拜觀「大炊殿」成人¥500，國中生以下免費🌐www.shimogamo-jinja.or.jp

**至少預留時間**
下鴨神社參拜：2~3小時
出町柳周邊逛逛：1~2小時

穿越氣氛幽靜的紅ノ森，抵達下鴨神社正殿。早晨的森林氣氛相當舒服，歷史悠久的神社正殿也很有特色。

不妨坐上巴士到位在鴨川上游的上賀茂神社，特殊的立沙、建築和周圍風景，感受京都最古老神社的能量氛圍。

鴨川跳烏龜

來到出町柳，千萬別忘了來到賀茂川與高野川的交匯處這頭跳烏龜！由烏龜、千鳥等形狀組成的石頭就這麼橫布在淺淺的鴨川上，人們喜歡邊數邊跳至對岸，趣味無窮。

參拜下鴨神社

建議在上午來到下鴨神社參拜，由於範圍較大，最好是穿好走的鞋子，夏天則要記得防曬。可以順道在附近的鴨川三角洲一帶看河散步，甚至沿著鴨川一路經過北山、前往上賀茂神社。

串聯貴船‧鞍馬行程

利用叡山電鐵將行程串聯到洛北山區，貴船有在川上設席的「川床」讓人避暑，鞍馬則是充滿神話的宗教聖地，若要串聯此處，則建議早上前往，下午再回下鴨神社。

京都：下鴨神社

# 在占地廣大的下鴨神社中走走逛逛，吸取原生林中的大自然能量

## 糺之森

糺之森位於賀茂川和高野川的三角點上，是包圍下鴨神社的高大森林，也是京都市內唯一的原生林，森林內有幾處曲折清緩的水流流經，令人想一探究竟；還有保佑美麗的河合神社和古代祭壇等，隱藏在林木和小川之間。

糺之森在1994年和下鴨神社一同被列入世界遺產。

**下鴨神社參加祭典活動！**

**・下鴨御手洗祭**
每年土用の丑の日，約7月20日前後開始為期一週左右的下鴨御手洗祭，根據日本文學作品《源氏物語》、《枕草子》的記載，是平安時代貴族生活及舉行解厄除災的場所。

至今京都人在祭典期間會來此，由輪橋下方走進河川內往神社前進，半途有御神火的火源，京都人會帶著小蠟燭，點上神火後供奉於神社前的燭架。儀式從早上進行到晚上，入夜後燭火伴著涉水聲流動，讓人彷彿置身於虛幻的世界。

池畔有神泉水供飲用，甘甜清涼，令人難忘！

**・蹴鞠**
每年正月初四在下鴨神社會遵循古法進行「蹴鞠」競賽，「蹴鞠」指的是千年前隨著佛教從中國傳入的運動，爾後成為平安時代流行於貴族間的遊戲。規則是不能讓鹿皮革做成的「蹴鞠球」落地，像踢毽子和踢足球的綜合體。主要為8人一組，比賽進行時會喊出「ari」、「ya」口號，比賽中只能使用右腳踢球，蹴鞠競賽沒有規定時間或輸贏。

河合神社為下鴨神社裡的攝社，位在廣大的糺之森裡，想要祈求變美，便不能錯過。

## 河合神社

河合神社於神武天皇時期創建，主祭神為玉依姬命；自古以來祂便被視為女性的守護之神，安產、育兒、結緣等與女性相關的祈願，皆由其掌管，也因為如此，這裡終日充滿女性參拜客，除了買個鏡繪馬供奉，還有木瓜煮出來的美容水、結緣御守等，深受歡迎。

### 鏡繪馬

以手持小鏡為造型，河合神社的繪馬以女性的美麗祈願聞名。記得要帶上自己平常用的化粧品，像是用眉筆勾出眉毛、口紅塗出唇型等，讓鏡繪馬裡呈現出你的貌，進而祈求變美。

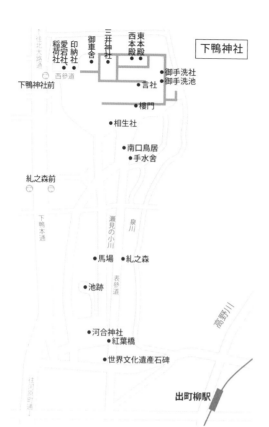

**下鴨神社**

社前有一株「連理賢木」，由兩棵樹相纏而生，而且數年後便會枯掉，再新生出來，目前的已經是第4代的神木了。

## 相生社

相生社是下鴨境內的結緣神社，小小的神社祭祀生成宇宙萬物的「產靈神」，自古便以緣結而廣為人知。

 **有此一說～**

**相生社祈求姻緣**

來這裡想要祈求好姻緣，可以至社務寺購買繪馬，將願望寫在上面，接著從神社正面開始，女生順時鐘，男生逆時鐘繞神社三圈，並在第三圈的途中將繪馬供奉在社後，再回到正面行二禮、二拍手、一禮參拜。

京都：下鴨神社

**參拜方式**

**1.進入境內時一鞠躬：**經過鳥居和殿門時，便是進入神宮神聖的區域內，此時可以在此一鞠躬以示尊敬。

**2.步上參道：**從鳥居的外側進入參道，因為中間是神明的通道，要盡量避免踩踏。

**3.洗手漱口：a.** 拿起水杓，舀起一杓水。這一杓水就要做完以下全部步驟。**b.** 先洗左手再洗右手。**c.** 用左手掌心接水，漱口，代表身心全都經過清水洗濯。**d** 將杓子立起，沖淨手柄後放回。

**4.參拜：a.** 將5円銅幣丟入賽錢箱。5円與「ご緣」發音相似，取其好兆頭。**b.** 搖殿前的鈴，將神明喚來。**c.** 合掌，二拍掌，將心中的祈求與感謝向神明表達。**d.** 行一鞠躬禮，結束參拜。

## 言社

下鴨神社境內配置有十二生肖的七座「言社」，每座言社都代表兩個生肖，是十二生肖的守護神社，每個言社都有賣屬於自己生肖的守護符和繪馬，十分有趣。

## 御守

更是不能錯過各式御守！

# 左京浪漫，一日行程

遠離市區的左京區自成一方寧靜，每個轉身，都能有一個新發現。動手安排屬於自己的左京小旅行，邂逅一段不同的京都浪漫之行。就從下鴨神社出發吧～

## 第 1 站 離開下鴨神社前 先吃一串必吃御手洗糰子！

### 加茂みたらし茶屋

☎075-791-1652 ⌂左京區下鴨松ノ木町53
🕐9:30~19:00(L.O.18:00) ⊘週三(遇假日照常營業)
💲みたらし団子(御手洗糰子)3支￥450

加茂御手洗茶屋是御手洗糰子的始祖，相傳是下鴨神社境內御手洗池底的泡泡幻化而成；另一說則是在下鴨神社御手洗祭時，有小販賣這種糰子，所以漸漸以祭典的名字來稱呼這種糰子。

現烤糰子5個一串配上祕傳的黑糖醬油，香甜對味。

## 第 2 站 慢步河川邊，緩緩地欣賞自然風景～

### 鴨川散步

⌂四条大橋至鴨川三角洲約2.9公里，步行50分

賀茂川與高野川在下鴨神社附近匯流成鴨川，寬闊的河水一路由北而南，流貫京都市區，再一路往西南面奔流而去。若是春天造訪，則特別推薦鴨川上游、由葵橋到北大路橋的賀茂川左岸，長約兩公里的河岸是成排櫻花樹，尤以植物園一側、半木之道的枝垂櫻最為精彩。

第**3**站 走了許久應該累了吧，隨選一家咖啡廳歇歇腳

## アカツキコーヒー

☎075-702-5399 ⌂左京區一乘寺赤ノ宮町15-1
◐9:00~17:00 休週日、第2個週三 ↻www.
akatsukicoffeec.com/

灰藍色大門襯著白色磚牆的アカツキコーヒー店內請來
WEEKENDERS COFFEE 的烘焙師協助烘焙咖啡豆。咖
啡豆約一個月更換一次，但因為是少量烘焙，有時興致
一來甚至一天就會換兩次咖啡豆，早上和下午喝到不同
的咖啡豆也是種驚喜。

第**4**站 鄰近的惠文社是左京著名的一道風景

店內簡單的工業風空間讓人
可以盡情享受午後時光。

## 惠文社

京都文藝青年的聚
集地，更是藝文訊
息集中發信地。

☎075-711-5919
⌂左京區一乘寺払殿町10
◐11:00~19:00 休1/1
↻www.keibunsha-books.com

左京區從北白川到一乘寺這段路
被稱為「書蟲小徑」，不但京都大
學和京都造型藝術大學都在這條
線上，還有一間文青最愛、豐沛京
都人精神生活的惠文社一乘寺店，
店裡販售的書籍、舉行的展覽、嚴選與惠文社氣質相
符的各式生活雜貨、文具、CD、DVD、服飾等，仍吸引
許多人特地搭車前來朝聖。

第**5**站 悠逛了這麼久，應該需要飽餐一頓了！

## 東龍ラーメン
## 北白川本店

☎075-703-0900 ⌂左京區北白川上別当町1 第2青山
莊1F 6号 ◐11:30~14:45，18:00~21:00(L.O.) 休週
三、不定休(詳見官網) ⑤東龍そば(招牌拉麵)¥880 ↻
www.tonryu.net

一乘寺是京都的拉麵激戰特區，其中最有人氣的莫過
於由和食職人森元於2000年所開的東龍。店家的完美
招牌拉麵是以豚骨和雞骨敖煮出的濃鮮味湯頭，搭配
豐富的蔬菜以淡雅的鹽味展現終極滋味。

沿河左右兩側的步道，為京都市區帶來了一抹悠閒的自然氣息。

## 延伸景點

# 出町柳還有什麼好逛的景點呢？
# 或是將腳步延伸到北山地區走走看看～

### 進々堂 京大北門前
MAP P.96 B2

**如何前往**
京阪電鐵出町柳駅出口4徒步10分

**info**
☎075-701-4121 🏠左京區北白川追分町88(京都大學北門前) 🕐8:00~18:00(L.O.17:30) 🏠週二 🌐www.shinshindo.jp/ 🔞店內禁止拍照攝影

　位在京都大學的北門前，1930開設至今，內外裝改變不大，在30年代的京都，可說引領風潮。至今仍飄散著昭和氛圍這家老咖啡館，優雅的歐式建築內飄散安靜氛圍，數張厚重的大木桌，加上老派風格餐飲與咖啡香，是想遠離人潮、感受人文咖啡館之處。

### 長生堂菓舖
MAP P.96 A1

**如何前往**
京都地下鐵北山駅出口3即達，北山駅前巴士站下車即達

**info**
☎075-712-0677 🏠左京區下鴨上川原町22-1 🕐10:00~17:30 🏠週一、週二 💴かも川(鴨川)10入￥1080 🌐chouseido.com

　位於植物園正門入口旁的長生堂是和菓子老舖，傳統京菓子的手製精神與纖細風雅，在這裡發揮得淋漓盡致。例如最有名的代表性商品之一鴨川(かも川)，外皮輕裹著半透明的丹波寒天象徵鴨川水色，裡頭則是象徵溪底小石甜柔的紅豆粒，充滿意境，口感也十分細緻。

### 陶板名画の庭
MAP P.96 A1

**如何前往**
同京都府立植物園

**info**
☎075-724-2188 🏠左京區下鴨半木町(京都府立植物園北山門出口東鄰) 🕐9:00~17:00(入場至16:30) 🏠12/28~1/4 💴成人￥100；陶板名画の庭・京都府立植物園共通券成人￥250，高中生￥200，國中生以下、70歲以上免費 🌐www.kyoto-toban-hp.or.jp

　由安藤忠雄所打造的陶板名畫之庭，將雷諾瓦、達文西、莫內和張澤端等人的名畫，以寫真製版的方式轉作為陶板畫，鑲嵌於牆壁之中，也是首座戶外的名畫庭園。灰色的清水模廊道、流淌其間的水流和大小不一的陶板畫作，順著光線變化產生不同的光與影。

空間不大，遊客也不多，是可以靜靜欣賞建築與空間藝術的地方。

京都：下鴨神社

## 百萬遍知恩寺手作市集
### 百万遍さんの手づくり市

活、探索京都的美好新舊事物。

感受在地生

**如何前往**

京阪電鐵出町柳駅出口4徒步10分

**info**

⊙左京區田中門前町 知恩寺境內 ◐每月15日 8:00~16:00 ⊛www.tedukuri-ichi.com

　京都有許多手作市集，其中最盛大、熱鬧的非百萬遍莫屬！每月15日在知恩寺御影堂前聚集約350家店舖，大多來自左京區的許多店家，不論是手工藝、雜貨、糕餅、咖啡等傾巢而出。由於每個月的店舖都是由抽籤決定，所以每個月設展的店有可能會不同，看到喜歡的店舖可得把握機會。

## DO YOU KnoW
### 知恩寺一帶又叫「百萬遍」地名的由來

在京都大學附近一帶雖非正式地名，但通稱叫做「百萬遍」，連公車站都有一站叫做百萬遍。原來這裡有個知恩寺，1331年時因京都疫病流行，天皇命知恩寺和尚念佛百萬遍以區退疫病，後來賜予寺院百萬遍封號，從此這一帶就有了「百萬遍」的地名通稱。

 ## 京都府立植物園

### きのこ文庫
充滿童話故事色彩的「きのこ文庫」，是非營利的書店，藏書約三千冊，主要以介紹森林裡的動、植物為主，偏向繪本、童話故事書的類型，讓大人小孩都能輕鬆地閱讀。

**如何前往**

京都地下鐵北山駅出口3即達，北山駅前巴士站下車即達

**info**

☎075-701-0141 ⊙左京區下鴨半木町 ◐9：00~17：00(入園至16：00)，溫室10:00~16:00(入室至15:30) ⊗12/28~1/4 ⊙入園成人¥200，高中生¥150；溫室成人¥200，高中生¥150 ⊛www.pref.kyoto.jp/plant

　位於賀茂川清流旁的京都府立植物園，是日本歷史最悠久的植物園，創於大正13年(1924)。園內的溫室是日本規模最大的溫室，一年四季都有奇花異卉輪番綻放，戶外庭園則西式與日式庭園兼具，也有著廣大的半木之林以及日本的針葉樹林等著高大優雅的森林，行走其間，令人心情平靜。

# 串·聯·行·程 貴船·鞍馬

利用叡山電鐵串聯至洛北山區的貴船與鞍馬一帶，貴船由於地勢高又有溪谷是避暑第一選擇；位居山林的鞍馬，保有原始的自然景觀，一起探索洛北的神秘之地，吸取大自然的綠意能量。

◎在出町柳駅搭乘叡山電鐵本線，至終點站鞍馬駅或是貴船口駅下車。
◎從貴船口駅走到貴船神社約需半小時，也有巴士駛至貴船神社，但班次稀少需要先查好時間。
◎從鞍馬駅下車即達鞍馬寺，至本殿金堂需轉乘纜車，下車徒步10分。

貴船·鞍馬

貴船神社神奥宮 ⛩
貴船 兵衛 🏠
貴船 ひろ文 🏠
貴船倶楽部 🏠
貴船神社 ⛩
kifune cosmetics & gallery
烏帽子岩
梅宮社 ⛩
貴船口駅前
往出町柳↓
船貴口駅
右源太
奥の院魔王殿
靈寶殿
本殿(金堂)
僧正か谷不動堂
冬柏亭
寢殿
由岐神社
彌勒堂
渡辺木の芽煮
杉の里
鞍馬駅
鞍馬寺
多寶塔
多聞堂
くうま荘
心天狗
▲鞍馬山
鞍馬温泉
鞍馬街道
→往花背
鞍馬川
叡山電鐵鞍馬線
鞍馬山ケーブル

N

## 卍 鞍馬寺

info
☎075-741-2003 📍左京區鞍馬本町1074 ▼
9:00~16:15，靈寶殿(鞍馬山博物館)至16:00 🈳靈寶殿(鞍馬山博物館)週一(遇假日順延翌日休)、12/12~2月底休 💰愛山費¥300(包含木之根道)；靈寶殿(鞍馬山博物館)¥200 🌐www.kuramadera.or.jp/

鞍馬寺山境內包含轉法輪堂、寢殿、本殿、童形六體地藏尊和一座育兒園，本殿內的靈寶殿，收藏許多佛教美術品與名歌人謝野晶子遺物、鞍馬山動植物標本等。古代的鞍馬寺，據說是惡魔和盜匪出沒之處，傳說日本古代的悲劇英雄源義經，曾在這裡與紅臉、長鼻子的天狗妖精一起修煉呢。

## ⛩ 由岐神社

info
☎075-741-1670 📍左京區鞍馬本町1073 ▼自由參觀 💰自由參拜 🌐www.yukijinjya.jp

由岐神社奉祀的是鞍馬地區的氏神，神社拜殿構造有如舞台，周圍楓樹密集成林。神社中央是又長又陡的石階參道，屹立著巨大的杉木，杉木頂端綠意參天，秋季時分可見紅豔的楓葉枝椏低垂，吸引遊客在此留影。

 **鞍馬火祭**

由岐神社最有名的是每年10月22日舉行的「鞍馬火祭」，是日本三大奇祭之一。鞍馬火祭源自西元640年，由岐大明神遷往由岐神社時民眾夜間的迎接隊伍，現在成為最熱鬧的夜間祭典，火祭當天，穿著祭典服飾的小孩子持松明(由松、竹等細紮的火把)繞街，男人們則兩至三人一組，將三百多支巨大松明扛到鞍馬寺山門前集合參拜，燃燒的篝火與松明將夜色染得通紅，聲勢懾人。

寺前名物牛若餅。

 **多聞堂**

info

📞075-741-2045 📍左京區鞍馬本町235 ⏱9:30~17:00 🚫週三
(5~11月第1個週三照常營業) 🍡牛若餅￥130

一出鞍馬駅，朝著鞍馬寺走去的路上，就先被多聞堂「牛若餅」的招牌吸引。鞍馬寺有許多傳説，其中可以算是與牛若丸(源義經)有十分深的關係。這裡的和菓子以牛若丸命名，其實就是普通的紅豆麻糬。牛若餅吃起來不沾牙，紅豆內餡吃得到顆粒，配上一杯抹茶拿鐵十分對味。

⛩ **貴船神社**

info

📞075-741-2016 📍左京區鞍馬貴船町180 ⏱
6:00~20:00，12~4月至18:00(1/1~1/3至
20:00)，授與所9:00~17:00；點燈期間參拜時間
延長(詳見官網) 🎫自由參拜 🌐kifunejinja.jp

貴船神社包括本殿、拜殿、權殿、末社、奧宮等，周圍紅葉遍布，每年秋季的11月初還會舉行又叫做「御火焚祭」的紅葉祭。另外，因為貴船神社奉祀京都人最崇敬的水神，每年7月7日這裡舉行的「貴船水祭」，都有許多從事和水有關的行業，例如：造酒業、料理店、和菓子屋等前來參加。

**Do YOU KnoW**

**貴船神社繪馬**

貴船神社自古便以水神而被廣泛信仰。早期向天祈求晴天時會獻上白馬，求雨時則獻上黑馬，爾後以畫在木版上的馬來代替，就是現在繪馬的起源。

貴船神社奧宮是京都數一數二的知名能量景點。

兩旁的朱紅色燈籠，透著綺麗的景象。石塊堆疊的參道與

 **奧宮**

貴船神社的創建據説最初是神武天皇之母玉依姬命從鴨川搭乘黃色的船溯川至此祭祀水神，因此貴船的古名為「黃船」，現在在奧宮還能看到「御船型石」即當初的黃船。永承元年(1046)神社被水災沖毀，天喜3年(1055)在現在的本宮建造新的神社，原址則為現在我們看到的奧宮。

📍貴船神社境內 ⏱6:00~20:00，12~4月至18:00(1/1~1/3至20:00)；點燈期間參拜時間延長(詳見官網) 🎫自由參拜

王牌景點 **8**

西日本最大的交通樞紐，
高級精品、新潮美食眾星雲集

**造訪大阪駅理由**

**1** 商業繁榮，持續演出不打烊

**2** 人潮川流不息，百貨、地下街齊結於此

**3** 購物美食一網打盡，還能登高樓看夜景

大阪：大阪駅

時空の広場採自然透光性的設計，中央的金黃色時鐘總是靜靜的佇立著，注視熙來攘往的人們，不停為旅客的指引方向，溫暖了旅人不安的心。

**MAP P.108 A1**

## 大阪駅
おおさかえき／Osaka Station

JR大阪環狀線、ゆめ咲線、關西空港線、大和路線、阪和線、寶塚線、神戶線、京都線、湖西線【大阪駅】
大阪地下鐵御堂筋線【梅田駅】
大阪地下鐵谷町線【東梅田駅】
大阪地下鐵四つ橋線【西梅田駅】
阪神電鐵阪神本線【阪神梅田駅】
阪急電鐵神戶線、寶塚線【阪急梅田駅】
JR東西線【北新地駅】

　　北區的梅田一帶是大阪的交通樞紐，JR大阪駅、阪急梅田駅、阪神梅田駅在此交會，還有御堂筋線、四つ橋線、谷町線三條地下鐵，可以通往市區各地。梅田也是熱鬧的商業區，高層百貨以外，還可見到突出於頂樓的紅色摩天輪。車站地下更有日本最早的車站地下街，逛街與搭車的人潮川流不息，是西日本最繁忙的車站。

## 搞懂梅田、大阪車站地下街

以梅田、大阪車站為中心的區域，車站、地下街、地上商場大樓等彼此串聯，精采多樣好逛又好買，地上建築以百貨商場為主，但小店、美食齊聚的五大地下街(B1、B2)，區域範圍廣大又彼此相連結，光是「大阪駅前地下街」商店就超過360家以上，常常一不小心就會失去方向。

建議先在地圖上辨識五大地下街區域及四周的車站名，心理先有個底，除非隨興亂逛，否則若有特定目標，最好鎖定是哪個商場、哪一層樓，且到處都有指標及商場區域地圖，暫停稍看一下，比較不浪費時間。

梅田也是熱鬧的商業區，有高層大樓、大型百貨公司，還可見到Hep Five突出於頂樓的紅色摩天輪。

整修過的阪急百貨梅田本店，因曾作為日劇半澤直樹上班銀行取景地而成為話題。

**至少預留時間**
OSAKA STATION CITY參觀
**1小時**
周邊百貨+地下街購物
**4小時以上**

**大阪駅專屬網站**

大阪駅除了車站本身，還有南北兩側的共構商場，被合稱為Osaka Station City，龐大的結構難免讓人抓不準方向，因此還設有專屬網站，站內平面圖、周邊交通、百貨店家等各項資訊都在其中，還可以連接到站內置物櫃位置搜索頁面，另外也有優惠券提供給訪客，不妨多多利用。

🌐osakastationcity.com

**梅田循環巴士(UMEGLE-BUS)**

從大阪駅東側出發繞行梅田地區的循環巴士，途經Grand Front Osaka、阪急梅田駅、茶屋町、西梅田、北新地駅等地。單程大人¥100，一日乘車券¥200，兒童半價。

**複雜的梅田‧大阪駅**

來到梅田建議盯緊上方的指標前往要去的地方，萬一迷路趕緊開口問人吧，因為地下街複雜程度可能會讓人離目的地越來越遠，若還是無法找到路，建議上至地面，較能夠搞清楚方位。

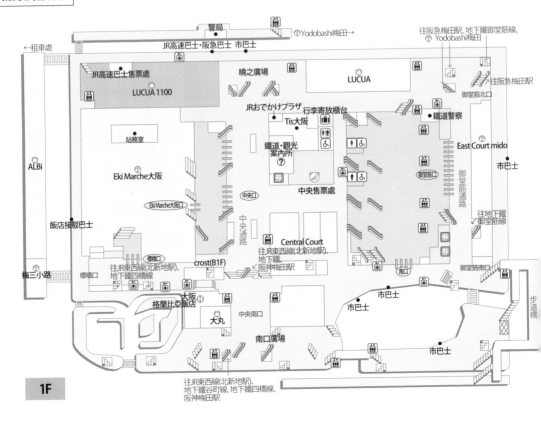

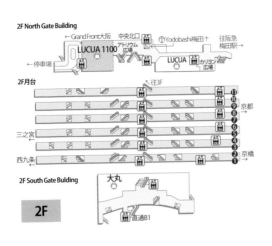

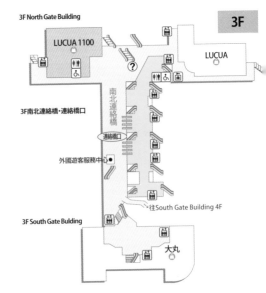

## 眼花撩亂的大阪駅，要怎麼逛才盡興？
## 一起來趟車站大迷走之旅！

### 大阪ステーションシティ

**OSAKA STATION CITY**

☎06-6458-0212 ⬥北區梅田3-1-1 JR大阪駅 ⬥

rosakastationcity.com

　　JR大阪駅在2004年開始進行大規模的再改裝計畫，於2011年5月4日開幕，包括北棟、南棟、大阪駅構內三部分，是西日本最大規模，全日本第二大規模的商業設施。

## Do YOU KnoW

### 特色建築

車站有許多特色建築，其中較著名的是設計師水戶岡銳治以「水」、「綠」（綠化）、「時」（時間）、「エコ」（環保）、「情報」為核心，設計8個各具特色的主題廣場，提供過往旅客舒適的休憩場所，還可以欣賞大阪的城市風光。

### 時空の広場

⬥JR大阪駅 橋上駅屋上5F

　　JR大阪駅鐵道正上方，連接南北棟的中央平台的時空の広場，有著別具特色的巨大屋頂，東西長約180公尺、南北長約100公尺，北高南低的傾斜坡度，半開放玻璃相間的屋頂，採自然透光性的設計，不僅可以俯瞰來來往往進出站的列車風光，還能遠眺大阪市區熱鬧無比的城市景致。

廣場上著名的地標金黃色的時鐘，宛如JR大阪駅的時間守護者。

### 出口與景點

| 出口方向 | 中央口 | 御堂筋口 |
|---|---|---|
| 北口 | LUCUA osaka、Grand Front Osaka、Umekita廣場、JR高速巴士總站、阪急巴士站、梅田藍天大廈 | 阪急梅田駅、YODOBASHI梅田、新阪急飯店、茶屋町、阪急三番街 |
| 南口 | 大丸百貨、格蘭比亞飯店、阪神百貨、阪神梅田駅、市區巴士站、E~ma購物中心<br>沿地下商店街可連結地下鐵四つ橋線、谷町線及地下街WHITY與DIAMOR | 阪急百貨、EST購物中心、Hep Five、地下鐵御堂筋線 |

大阪：大阪駅

必看景點

# 大阪駅周邊最近的壯觀高層建築，來一場超高建築巡禮～

👁 MAP P.108 A1

## 梅田スカイビル
### Umeda SKY Building

**如何前往**

地下鐵梅田駅5號(地下街3-4號)出口出站左轉、阪急梅田駅茶屋町口、JR大阪駅中央北口，經地下道徒步約8分

**info**

☎06-6440-3899

🏠北區大淀中1-1-88 ⏰依設施而異 💰依設施而異 🌐www.skybldg.co.jp

　以「都市與自然」、「過去與未來」為主題的新梅田天空大樓由東塔、西塔兩棟大樓組成，是一棟宛如凱旋門的ㄇ字型超高建築，規劃了森林流水的「中自然之森」，以及花團錦簇的「花野」；可以上天空大樓頂樓的「空中庭園展望台」看整個大阪，也可以在地下樓的復古小路「滝見小路」體會古早味。

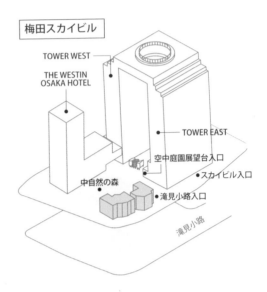

梅田スカイビル

TOWER WEST
THE WESTIN OSAKA HOTEL
TOWER EAST
空中庭園展望台入口
中自然の森
スカイビル入口
滝見小路入口
滝見小路

👁 **空中庭園展望台**

進入後搭乘高速電梯到35樓，再轉搭140公尺長的圓頂手扶梯，一直線往上升到39樓是有玻璃帷幕的展望室，再往上走樓梯到頂樓便是露天的360度空中庭園展望台，可以飽覽整個大阪市區。

☎06-6440-3855 🏠梅田スカイビル39F ⏰9:30~22:30(入場至22:00) 💰成人￥1500，4歲~小學生￥700，4歲以下免費 🌐www.kuchu-teien.com/observatory/

## 🍴 滝見小路

位於B1的飲食街「滝見小路」，以時光倒流的型態重現大正、昭和時期的大阪街道。最大的賣點就是這裡聚集多

參觀完展望台順道來這裡用餐，體會道地的復古大阪味。

家懷舊風味十足的大阪庶民美食，像是豬排飯名店喝鈍、大阪燒老舖きじ、拉麵、章魚燒等。

☎依店舖而異 🏠梅田スカイビルB1F ⏰11:30~ 22:00(依店舖有所不同) 💰依店舖而異 🌐www.takimikoji.jp

白天來時可以欣賞大阪的都市景色，但最推薦的還是晚上來，可以看到梅田地區繁華的夜景。

## GRAND FRONT OSAKA

MAP P.108 A1

環境大量運用綠色植栽與流水，創造出都會性的散步小徑。

### 如何前往

地下鐵梅田駅3B號(地下街3-4號)出口出站直走，搭乘電扶梯至2樓即達、阪急梅田駅3樓中央出口徒步5分、JR大阪駅中央北口徒步3分

### info

📞06-6372-6300 🏠北區大深町4-1(うめきた広場)、4-20(南館)、3-1(北館) 🛍購物11:00~21:00，餐廳、UMEKITA DINING(南館7~9F) 11:00~23:00、UMEKITA CELLAR(うめきた広場B1F)10:00~22:00、UMEKITA FLOOR(北館6F) 11:00~翌2:00，週五六至翌5:00，週日例假日至23:00 🌐www.grandfront-osaka.jp

GRAND FRONT OSAKA位在大阪梅田的北邊重劃區，分為南館、北館與うめきた廣場三個部分。與西日本最大的運輸車站大阪駅相連，網羅來自各地的時尚、生活、美容、咖啡、美食相關店舖共266間。

### The Leb.

一般的購物商店外，GRAND FRONT OSAKA更設置知識發信中心The Leb.。人們相信知識就是力量，分為三個樓層的The Leb.藉由實際觸摸、解說來啟發每個人的創造力，藉由知識的力量來創造全新未來。

位在北館1樓有開設CAFÉ Leb.，將咖啡、書籍結合出新式人文知識空間。

### Qu'il fait bon GRAND FRONT OSAKA店

以水果塔聞名的Qu'il fait bon在關東打出響亮亮的名號，首次進軍大阪便選在GRAND FRONT OSAKA中設店。以季節水果製成的水果塔每個看來鮮豔欲滴，在店內享用可搭配紅茶或咖啡。外帶較不用排隊，也可購買雜貨、餅乾。

📞06-6485-7090 🏠南館2F ⏰11:00~21:00 🍓赤いフルーツのタルト(紅色莓果塔)單片¥803(內用)、¥788(外帶) 🌐www.quil-fait-bon.com

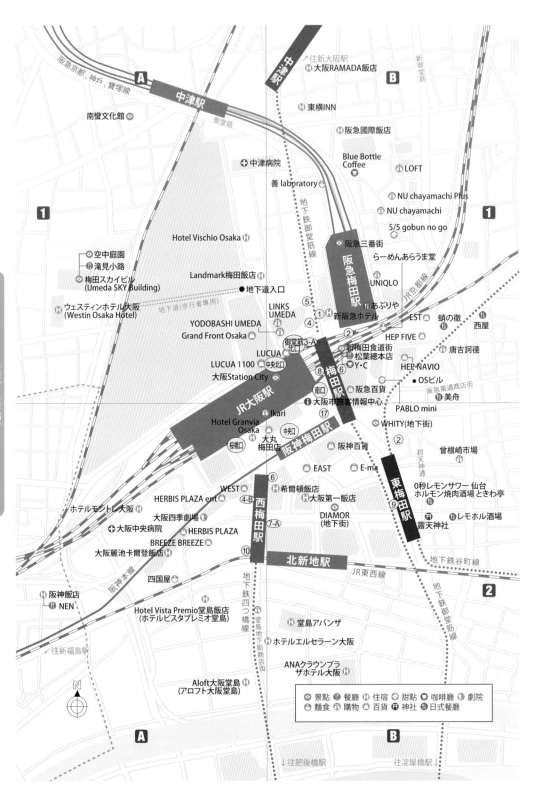

# 大阪駅與各大百貨相連，還可通往地下街，就算不是轉車，也一定要來逛逛

## LUCUA osaka

MAP P.108 A1~B1

**如何前往**

地下鐵梅田駅徒步5分、JR大阪駅中央北口直通、阪急梅田駅徒步6分、阪神梅田駅徒步3分、東梅田駅3號出口徒步4分

**info**

📞06-6151-1111 📍北區梅田3-1-3 🛍購物 10:30~20:30，10F餐廳、B2Fバルチカ 11:00~23:00 🔄不定休 🌐www.lucua.jp

主打女性流行時尚的LUCUA osaka包含 LUCUA和 LUCUA 1100兩間百貨，LUCUA命名來自Lifestyle(生活風格)的「L」，Urban(都會的)的「U」，Current(流行的)的「Cu」，Axis(軸線)的「A」，是針對上班族的女性提供具高度敏感流行的購物環境的意思，而LUCUA鮮豔的紅莓色的店LOGO，則是代表著女人味的色彩。

百貨位在OSAKA STATION CITY並直結JR大阪駅，交通十分便利。

巨無霸的外觀非常吸睛，一開幕就在網路上瞬間洗版各大社群媒體。

🍴 うなぎの蒲の穂焼 牛タン 焼鳥 馬刺し いづも LUCUAバルチカ

份量多到讓人不可置信的鰻魚丼飯！除了飯量很多之外，鰻魚跟玉子燒也是沒有客氣的，是大阪大人氣的鰻魚飯餐廳。份量超多且價格便宜，沒有因為便宜就降低品質，鰻魚沒有腥味又好吃，若吃不完還能打包，店家會直接捏成飯糰讓人打包回家，非常貼心。這麼高CP值又好吃的店絕對不能錯過！

📞06-6151-2531 📍LUCUA B2Fバルチカ 🕐11:00~23:00(餐點L.O.22:00，飲料L.O.22:30) 💰ドド〜ンと！そびえる鰻玉丼 ¥1980 🌐www.instagram.com/accounts/login/?next=/idumolucua/

店內給人的感覺如同自家般輕鬆自在又舒適。

📖 梅田 蔦屋書店

蔦屋書店32年前就以「生活態度為提案」為目標在大阪創業，當時還只是間32坪的小書店，如今又重回大阪開業，梅田蔦屋書店面積超過1000坪，總藏書多達20萬本，360度的環繞式設計，依書籍主題來陳列，提供多達500個座位供顧客坐下來好好閱讀。

📞06-4799-1800 📍LUCUA 1100 9F 🕐10:30~21:00 🌐real.tsite.jp/umeda/

**MAP P.108 B2**

# 阪神百貨梅田本店

## 如何前往

地下鐵梅田駅徒步4分、阪神梅田駅徒步4分、東梅田駅徒步5分、JR大阪駅徒步6分、阪急梅田駅徒步9分

## info

☎06-6345-1201 ◎北區梅田1-13-13 ●購物10:00~20:00，B2F阪神バル橫丁11:00~22:00，B1F阪神食品館至21:00 ⑯不定休 ⑩www.hanshin-dept.jp

如果由阪神電鐵的地下街來到阪神百貨，很容易就會被吸引，因為每天早上一開門，地下的美食吸引了長長的排隊人潮，無論甜點、元老級的花枝燒，或是獨家的鮮魚賣場，走大眾化路線的阪神百貨梅田本店早已經成為大阪人生活的一部分。

定品，穿著阪神球隊服裝的Kitty、米奇都在這裡等著你。

如果想買限

# 阪神Tigers Shop 阪神百貨店

喜愛棒球的人一定能夠體會阪神虎迷的瘋狂，以甲子園為根據地的阪神虎隊當然是關西人的最愛，不遠千里前來購買許多周邊商品。除了看比賽熱情加油必備的加油棒、球衣之外，舉凡領帶、手帕到居家生活的茶杯、門簾、抱枕等，球迷希望擁有一個棒球世界來這裡就可以實現願望。

☎06-6345-1201 ◎阪神百貨梅田本店8F ◐10:00~20:00 ⑩hanshintigers.jp

## 👉有此一說～

### 一球入魂，關西精神！

甲子園球場前身為建於1924年，那年正好是甲子年，因此命名為甲子園大運動場，1935年12月10日，阪神隊的前身「大阪野球俱樂部」(通稱大阪老虎隊)於大阪成立，1961年名稱確立為「阪神虎」，甲子園球場成為職棒的主戰場之一，也是阪神虎球隊的主球場，並在1964年更名為阪神甲子園球場，至今已近百年歷史。整個關西地區幾乎可說都屬於阪神球迷的勢力範圍，虎迷一向以瘋狂的熱情著稱，在球場大聲喊著口號與唱著應援歌曲替球員加油，磅礴氣勢令人難忘！

## 阪急三番街

### 如何前往

地下鐵梅田駅北改札口徒步1分、阪急梅田駅直通、JR大阪駅御堂筋北口往地下鐵梅田駅北改札口徒步1分

### info

06-6371-3303 ⊙北區芝田1-1-3 ●購物10:00~21:00，餐廳10:00~23:00 ⊙不定休(詳見官網) ⊛www.h-sanbangai.com

　與阪急梅田駅直結的阪急三番街，是結合購物與美食的據點。但比起四周林立的各大百貨公司，阪急三番街是以B2的美食街來得較為出名。在B2聚集了來自全日本(大多以京阪神為主)超過100家以上的名店，成為梅田著名的美食地下街。而且整個三番街整潔明亮，定點還會有藝術造景，環境十分舒適。

由於是連結梅田與茶屋町的通道而命名為「うめ茶小路」。

## うめ茶小路

2017年在阪急三番街南館1樓，新開闢一條充滿文化氣息的古書屋街通道，以傳統和風的木建築街道為印象，聚集大約9間商店，每家店都將店內販售物品以美麗的櫥窗陳列，短短的街道除了以古書、古美術、古錢幣、古郵票等古物店鋪，也有2~3間強調日本製造設計的雅緻提包、皮鞋與眼鏡店。

⊙阪急三番街南館1F ●古書店11:00~20:00 ⊛週三 ⊛www.h-sanbangai.com/floor/1f_s.html

夜貓族的最棒補給站，生活用品到糖果餅乾一應俱全！

## 唐吉訶德 梅田本店

ドン・キホーテ

### 如何前往

地下鐵梅田駅6號出口徒步5分、JR大阪駅御堂筋口徒步5分

### info

0570-046-411 ⊙北區小松原町4-16 ●24小時 ⊛www.donki.com

　位於梅田駅附近24小時營業的唐吉訶德，共三層樓的賣場，集結食衣住行的各類商品，只要你想得到的東西，這裡都應有盡有，就像一間迷你版的百貨公司，而且價格又比市價便宜，逛一圈下來，保證你都捨不得離開這購物天堂！

# 登上日本第一高樓最頂點，感受300公尺高一望無際的美景

## 阿倍野HARUKAS小檔案

開幕日期：2014年3月7日
高度：300公尺
總樓層：地上60層、地下5層、塔樓1層
占地面積：約28,000平方公尺
外觀設計監修：西薩‧佩里(César Pelli)

雖說東京晴空塔標高634公尺，劃新了日本的天際線，但其終究不是大樓，要說的日本最高的大樓當屬阿倍野HARUKAS。

## 造訪阿倍野HARUKAS理由

1 必訪 日本第一高樓

2 登上展望台一覽無遺 大阪市美麗景色

3 周邊也 好吃好逛好玩

MAP
P.118
B2

# 阿倍野HARUKAS
あべのハルカス／Abenoharukasu

HARUKASU在日本古語中為「變得晴朗」之意，不只指天氣，更是指心境、未來與大阪的榮景。高300公尺的大樓裡有日本營業面積最大的百貨公司「近鐵百貨」、展望台「HARUKAS300」、都市型美術館「阿倍野HARUKAS美術館」、國際連鎖「大阪萬豪都酒店」與美食餐廳、辦公室等，多樣性的機能讓這裡成為新興休閒購物景點，讓這沉寂一時的天王寺‧阿倍野區域重新點燃百貨購物戰火，成為大阪南北區之外的商業繁盛地。

# Do You Know

## 日本最高摩天樓

說到日本高樓建築，大部分人都會先想到東京晴空塔，但其實東京晴空塔(634公尺)與東京鐵塔(332.6公尺)都是電波塔，阿倍野HARUKAS才是商辦大樓，因此雖然高度次於前兩座高塔，但要說「摩天樓」，阿倍野HARUKAS才是日本第一呢！

四面透明玻璃營造無死角的視覺體驗，300公尺的制高點向外望，京阪神一帶的風景盡收眼底，晴朗時甚至可以遠眺明石海峽大橋、六甲山、京都、生駒山、關西國際機場。

JR大阪環狀線、大和路線、關西空港線【天王寺駅】
大阪地下鐵御堂筋線、谷町線【天王寺駅】
近畿鐵道南大阪線【大阪阿部野橋】
阪堺電車阪堺上町線【天王寺駅前】

🚻 依設施而異
🏠 阿倍野區阿倍野筋1-1-43
🕐 依設施而異
🌐 www.abenoharukas-300.jp

至少預留時間
阿倍野HARUKAS參觀：2小時
通天閣及周邊店家逛逛：2~3小時

感受通天閣復古高樓風情後，買個好吃的釣鐘燒，邊吃邊散步前往阿倍野HARUKAS，登上高樓欣賞震撼景色！

怎麼玩阿倍野HARUKAS才聰明？

**從天王寺駅出發**

南口、西口是最光鮮亮麗的百貨區，若要轉乘近鐵及阪堺電車，也是從這裡較為方便。不論哪個出口，都可利用天橋通往Mio百貨、阿倍野Q'S MALL、阿倍野HARUKAS購物中心。

**利用大阪周遊卡**

善用大阪周遊卡可以免費進入近30個景點，如通天閣、空中庭園展望台、大阪城天守閣等處。周遊卡分[大阪區版]一日券¥2800、二日券¥3600(限連續兩天用)，無售小孩票。

**來一趟復古路上電車**

位在阿倍野HARUKAS附近的阪堺電車上町線起點天王寺駅前站，搭上大阪僅存的路面電車，以悠閒緩慢的速度前往最真實的庶民生活前進，沿途景致充滿著懷舊風情。

必逛重點

## 商辦合併的阿倍野HARUKAS要怎麼逛呢，還有哪些不能錯過的景點？

HARUKAS300 (觀景台) 58~60F

大阪萬豪都酒店 38~55、57F

辦公大樓層 21~36F

大阪萬豪都酒店 19~20F

辦公大樓層17~18F

阿倍野HARUKAS美術館 16F

阿倍野HARUKAS
近鐵百貨
B2~14F

近鐵大阪阿倍野橋駅 B2~1F

### B1~14F

**阿倍野HARUKASU 近鉄本店**

☎06-6624-1111 ◆B2~3.5F
10：00～20：30，4～11F
10:00~20:00，12~14F餐廳11:00~23:00
abenoharukas.d-kintetsu.co.jp

　老牌百貨近鐵百貨分店遍布西日本，而本店便位在阿倍野。本店占地廣大，可分為塔館(タワー館)與翼館(ウイング館)，塔館位在阿倍野HARUKASU中，從B1~14層樓大面積選入豐富的品牌服飾，而12~14樓的美食餐廳更是選擇多樣。主打年輕族群的翼館選入品牌較活潑，4樓也提供大小尺寸女性服飾；除了女性客群，在7樓也有專門針對年輕男性選入的流行品牌，貼心地服務不同客群。

### 58F

**戀人聖地**

　阿倍野HARUKAS因為浪漫夜景被認定為「戀人的聖地」，在空中庭園還有個紀念碑，一旁不僅掛滿了小巧的金鎖象徵愛情久遠，還能夠在愛心拱門「Hrukas Herat」下拍張甜蜜照，戀人造訪時可別錯過。

以遼闊的展望風光為背景，拍張紀念照。

## 58~60F ARUKASU300展望台

06-6621-0300

9:00~22:00(入場至21:00)，當日券售票8:50~21:30 ⑤當日券、月間有效券(日期指定券)18歲以上¥1500，國高中生¥1200，小學生¥700，4歲以上¥500，3歲以下免費；一日券(可無限次進出)18歲以上¥1950，國高中生¥1650，小學生¥950，4歲以上¥750 ⑨www.abenoharukas-300.jp/observatory/ ●購買當日券請至阿倍野HARUKASU 16樓的票券販賣處。欲購買月間有效券者，可在近鐵各大車站購買；指定日期並購票後便不能更改，並要在日期指定券上的指定時間至16樓換取入場券，逾期作廢

購票後從16樓搭乘直達展望台的電梯，只要50秒便到達60樓。四面透明的玻璃營造360度無死角視覺體驗，從300公尺的制高點向外望去，京阪神一帶的風景映入眼底，天氣晴朗的時候，甚至可以遠眺明石海峽大橋、六甲山、京都、生駒山、關西國際機場等。在59樓是回程出口設有展望台賣店，可愛的吉祥物商品都在這裡。

### 吉祥物——阿倍野熊(Abeno Bear)

阿倍野HARUKAS有一隻吉祥物，以高樓為意象，吉祥物阿倍野熊身上飄著朵朵白雲，他最喜歡的食物就是雲、最愛的事就是睡覺，沒睡醒般的呆萌外表非常可愛，而且除了藍天白雲，還有晚霞以及星空版本的阿倍野熊。

## 58F Café & Dining Bar SKY GARDEN 300

06-4399-9181 ⑤10:00~22:00

阿倍野HARUKAS有許多咖啡廳，但不得不提位在展望台樓層的SKY GARDEN 300，這裡推出許多名物，像是長達30公分的熱狗麵包，還有與大阪在地老牌糖果公司「パイン株式会社」合作推出的「鳳梨糖霜淇淋」，另外也有許多與阿倍野熊結合的餐點，都是熱門的話題點心。

## 60F 踏上關西大樓最高點——停機坪

⑤10:30~19:30，1小時一梯次，共11梯次 ⑤4歲以上¥500

來到60樓的展望台已經看得夠遠了，但想爬得更高，不受玻璃帷幕阻礙的話，一定要參加停機坪見學行程。登上60樓後現場報名，約每50分便有一梯次，全程約30分鐘，由專人帶領登上戶外停機坪，除了一望無際的美景外，更能感受300公尺高空中狂風打在臉上的快感！

2016年滿60歲的通天閣，初建於明治45年，後因火災毀損，現在所見的則是1956年代再建的第二代通天閣，集結2樓、B1購物區以及4~5樓展望台，頂樓戶外展望台「天望パラダイス」，3樓也有餐廳及百年前新世界街區模型再現。

明治時期完成的通天閣，塔狀建築外型模仿巴黎的艾菲爾鐵塔，落成之時還是東方各國中最高的建築物，在充滿往日氣息的塔樓上飽覽高樓美景。

**5F** ビリケン

新世界一帶到處都看得到、模樣逗趣ビリケン(幸運之神)，是美國藝術家的作品，在通天閣5樓展望台有個ビリケン神殿，成了許多人一定要拍照合影並許願之處。

據說只要撫摸ビリケン腳底說出願望，就能美夢成真。

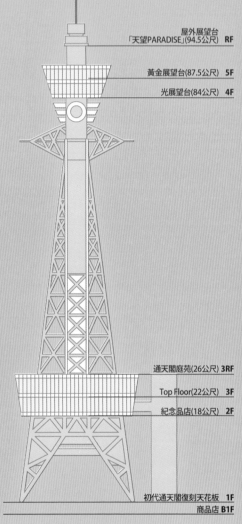

| | |
|---|---|
| 屋外展望台「天望PARADISE」(94.5公尺) | RF |
| 黃金展望台(87.5公尺) | 5F |
| 光展望台(84公尺) | 4F |
| 通天閣庭苑(26公尺) | 3RF |
| Top Floor(22公尺) | 3F |
| 紀念品店(18公尺) | 2F |
| 初代通天閣復刻天花板 | 1F |
| 商品店 | B1F |

**注意排隊時間很長，須預留時間**

想參觀通天閣，可不像一般展望台，買票後電梯上下直達，首先必須從B1買票搭乘電梯抵達2樓，再從2樓轉搭另一部電梯上5樓展望台。下樓則是從5樓走到4樓展望台，再搭電梯到3樓看完模型街區，再走樓梯至2樓轉搭電梯至B1，才能出去。尤其假日人多時，光等電梯就可能耗掉30分鐘以上，想參觀務必多留點時間。

ⓘ

P.118A1　地下鐵動物園前駅1或5號出口、JR新今宮駅徒步10分，地下鐵、阪堺電車惠美須町駅步3分　06-6641-9555　浪速區惠美須東1-18-6　8:30~21:30(入場至21:05)；戶外展望台「天望パラダイス」、「TIP THE TSUTENKAKU」8:00~21:00(入場至20:45)；遊樂設施「TOWER SLIDER」10:00~19:30　高中生以上¥900，5歲~國中生¥400；戶外展望台「天望パラダイス」、「TIP THE TSUTENKAKU」除一般展望台外，需另購票，高中生以上¥300，5歲~國中生¥200；遊樂設施「TOWER SLIDER」高中生~65歲¥1000，小學生~國中生¥500　www.tsutenkaku.co.jp　3F Café de Luna Park目前暫停營業中

## 通天閣聖代

**3F**

為了記念開幕，只有在通天閣才吃得到的隱藏版聖代——通天閣聖代隆重登場，由超濃的香草霜淇淋與泡芙組合而成的聖代，再加上些許果凍與果醬，好吃的元素全都濃縮在這一杯裡。

## 昭和年代街景模型區

**3F**

想看看百年前新世界有多繁華，3樓除了老照片區，還有一個大型櫥窗以模型呈現百年風情，可見到結合巴黎凱旋門與鐵塔造型的初代通天閣長相。

初代通天閣周邊充滿遊樂園等設施，熱鬧十足。

## 伴手禮這裡買

2017年春天開幕的古今知，就位於通天閣前方，由吉本興業的關係企業所開設，集結了在地特色土產、大阪具代表的豐富伴手禮

雜貨、各式搞笑藝人商品、糕點餅乾外，還有店中店的外帶飲料店與甜點老店。

包裝超可愛的フエキくン煉乳布丁！

明月堂のビリケン燒，將美味與好運通通帶回家。

## 自己的通天閣自己做

**2F**

🏠摺頁依據季節模型造型顏色也會變

來到通天閣觀賞遊覽，也別忘了帶一份免費小禮物回家！那就是以硬卡紙印製的精美介紹摺頁，除詳細介紹通天閣，摺頁背面圖案，拆解凹折後，還能組成一個精美通天閣模型喔。

## 有此一說～

👆

### 彩色燈塔

抬頭看看今日通天閣塔尖的顏色，塔頂燈光顏色一樣維持天氣預報功能，白色是晴天、橘色陰天、藍色雨天，全塔另新增美麗霓虹燈光，且一個月就變化一個主色調。當然最受歡迎的好運福神ビリケン，也變成金光閃耀呢。

## 復刻天花板再現

**1F**

🏠通天閣1F(免購票即可看到)

百年前第一代通天閣塔底地面建築，就有一個拱頂的壁畫，趁整修計畫，也依據舊照片將復刻版美麗天井壁畫再現，據說這天井畫當初是個美妝廣告壁畫。

# 通天閣周邊逛逛

新世界以通天閣為中心，在20世紀初期模仿巴黎都市計畫設計街道，建造通天閣，成為當時最大的歡樂地區，進入昭和年代之後，時間在這裡靜止，如今成為庶民美食街，保有最在地的活力新世界。

## 鏘鏘橫丁 ジャンジャン横丁

🔄 💬 🚶 依店舖而異　🏠 浪速區惠美須東3丁目

細窄的鏘鏘橫丁是昔日最熱鬧的區域，名稱來自昔日迴蕩在街道上的三味線、太鼓、小鼓的琴聲和鼓聲，還曾經出現在林芙美子的小說中，如今仍保留著最有懷舊感的咖啡館、串炸、站著品嚐的立食小吃和將棋店。

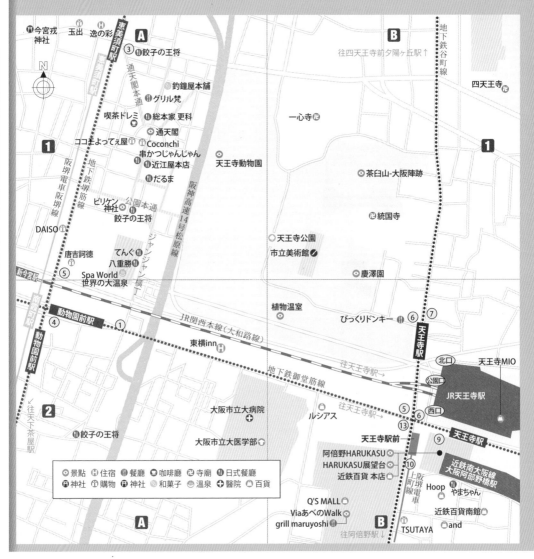

## 庶民美食——串炸

串炸（串カツ，kushikatsu）是以竹籤串起來，下鍋高溫油炸的肉、菜，上菜的形式因店而異，坐在吧檯前可以點一樣吃一樣，稍微講究的店會以精美的盛盤方式上桌。品嚐串炸可是有一套規則，根據不同菜色沾取不同的調味料，如醬油、味噌、辣椒、胡椒鹽等，起司、鱈魚、麻糬、春雞等，建議僅沾少量的鹽就會很好吃。

桌上沾取的醬汁講求安全衛生，每支串炸都只能浸入一次。

---

## 👁 通天閣南本通

🏠浪速區惠美須東界隈 🕐中午~深夜(依店鋪而異) 休依店鋪而異

新世界一帶是個昭和氛圍濃厚卻又熱鬧繽紛十足的街區，以通天閣為中心發射出去的兩條街道，一條是從惠美須町駅出站後直接串連通天閣的通天閣本通商店街，穿過素雅商店街從通天閣旁右轉通天閣南本通，簡直又是另一個世界，各式大到嚇人的店家招牌，簡直像是競賽般。

整條街道清一色以炸串店為主，不論白天夜晚都熱鬧的不得了。

---

## 串炸名店大集合

・だるま 新世界総本店
☎06-6645-7056 🏠浪速區惠美須東2-3-9 🕐11:00~22:30(L.O.22:00) 休1/1 💰本店セット9本(總本店9種串炸套餐)¥1650 🌐kushikatu-daruma.com

創業於昭和4年，已有近80年歷史的だるま是大阪串炸老店，至今仍受當地居民愛載。

・近江屋本店
☎06-6641-7412 🏠浪速區惠美須東2-3-18 🕐12:00~21:00，週日、例假日11:00~21:00 休週四 💰串かつ(串炸)¥90起

創業於昭和24年的近江屋本店最出名的就是與眾不同的本家串カツ，以牛肉裹上一層額外加了高湯的調味麵糊，剛炸起的串炸猶如鼓起的氣球，外皮薄又酥脆。

・てんぐ
☎06-6641-3577 🏠浪速區惠美須東3-4-12 🕐9:00~21:00(L.O.) 休週一 💰串かつ(串炸)¥110起

在鏘鏘橫丁中最具有人氣的店鋪絕對非天狗莫屬，牛、蝦、洋蔥、蘆筍都是老闆推薦菜色，最自豪的是獨門醬汁，自由使用沾取。

・八重勝
☎06-6643-6332 🏠浪速區惠美須東3-4-13 🕐10:30~20:30 休週四 💰串かつ(串炸)¥110起

有著醒目招牌門簾的八重勝在鏘鏘橫丁創業超過50年，加入山藥的麵糊讓外皮充滿酥脆口感，來上一罐冰鎮過的啤酒或冰茶，格外對味。

---

## 🔔 釣鐘屋本舖 本店

☎06-6644-0212 🏠浪速區惠美須東1-7-11 🕐9:30~18:30(週日、一至18:00) 休1/1 💰釣鐘まんじゅう(釣鐘燒)3入¥454 🌐www.tsuriganeyahonpo.co.jp

通天閣旁的釣鐘屋總本舖就是這著名大阪特產的老總店，仿造四天王寺裡的大鐘形狀所做成的釣鐘燒，已有100多年的歷史，內餡是綿密細緻、不過份甜膩的紅豆餡，另外還有香蕉形狀的「名代芭蕉」，內餡則是北海道的白豆餡，都是歷久不衰的伴手好禮。

# 登完兩座高樓，
# 附近還有什麼有趣好玩的景點呢？

 **MAP P.118 A1** 天王寺公園

**如何前往**

大阪地下鐵天王寺駅15、16號出口徒步5分

**info**

📞06-6771-8401，てんしば06-6773-0860

📍天王寺區茶臼山町5-55　⏰てんしば(TEN-SHIBA)7:00~22:00(依各店鋪而異)　💰てんしば(TEN-SHIBA)自由參觀(部分設施需另收費)　🌐www.tennoji-park.jp

　超過百年的天王寺公園，就夾在充滿昭和氛圍的新世界與光鮮高樓崢嶸的百貨群阿倍野之間，宛如城市裡的綠珍珠般的存在，不僅是市民放鬆休憩處，裡面還包含有動物園、美術館、日式庭園與茶臼山歷史遺跡。

只需往天際線眺望，高聳的阿倍野大樓是辨識方向的明顯地標。

2015年重新整建後的公園增加許多新設施，像是てんしば(TEN-SHIBA)區有咖啡館、農特產品店或遊戲區。

標高26公尺的山頂平台，樹意環繞相當舒適，還可到鄰近的一心寺申請登頂證明。

 茶臼山

標高26公尺的茶臼山，以高度而言根本不算是山，有一說它是個5世紀的古墳，另一說是運河遺跡河底池挖掘後堆出的小山，但至今無法真正得到考據支持。但唯一確認的是它是戰國時代德川家康與豐臣家的戰將真田幸村會戰之處，因此這裡立有展示說明版介紹，了解過往歷史遺跡。

📍天王寺公園內　⏰7:00~22:00　💰自由參觀

 大阪市立美術館

公園內的大阪市立美術館，於昭和11年(1936)開館，宏偉的美術館建築與慶沢園就位在隔鄰，一旁隔著水池就是茶臼山──大阪陣跡。這裡收曾有超過8000件日本和中國的美術作品，除了欣賞館藏展，另定期推出各式主題企劃特展。

📞06-6771-4874　📍天王寺區茶臼山町1-82天王寺公園　⏰9:30~17:00(入館至16:30)　❌週一(遇假日順延翌日休)、年末年始(12/28~1/4)、換展期間　💰成人￥300，高中大學生￥200，國中生以下免費，特展需另外購票　🌐www.osaka-art-museum.jp　❗2022年9月6日起進行改修工事休館中，預計2025年春季重新開幕

大阪：阿倍野HARUKAS

## 體驗大阪唯一的路面電車「阪堺電車」

路線:〈阪堺線〉惠美須町駅~浜寺駅前駅,〈上町線〉天王寺駅前駅~住吉駅　⑤單次搭乘成人￥230,兒童(限大阪市內或堺市內)￥120,阪堺電車一日券成人￥600,兒童￥300,一天內可隨意搭乘阪堺電車全線,車票為刮刮式,購買之後使用硬物刮除當天搭乘的日期,上車時不需拿取整理券,只要下車時出示一日券請司機過目即可

從大阪南區的「天王寺駅前」,搭上大阪僅存的路面電車——阪堺電氣軌道,以悠閒緩慢的速度前往最真實的庶民生活前進。從住吉出發持續往堺市方向,沿途有許多神社寺院、公園或歷史遺跡,一路直達浜寺駅前駅,終點同樣是充滿著懷舊感的洋風車站。

舊風情。

發出懷舊鏘鏘聲響的路面電車,沿途景致充滿著懷舊風情。

列車行進在住宅區間,成為當地特別的日常風景。

MAP P.118 B2

## ABENO Q'S MALL

如何前往

大阪地下鐵天王寺駅12號出口徒步2分

info

☎06-6556-7000　⊙阿倍野區阿倍野筋1-6-1　◷購物10:00~21:00,3F美食區、Ito Yokado 10:00~22:00,4F餐廳11:00~23:00　⊕qs-mall.jp

　位於天王寺、阿倍野地區的購物中心Q'S MALL,潔白前衛具設計感的裝潢,打著人們與街道完美結合的涵義,就是要讓人好好享受購物時光。

### 👁 天王寺動物園

成立於1915年的老牌動物園,是日本第三座動物園,歷史悠久,自開園以來深受關西地區人喜愛,直接重現動物棲息地的生活環境,如今園內約有310種1500多頭可愛的動物,其中以非洲草原的草食動物區最受小朋友的喜愛。

☎06-6771-8401　⊙天王寺區茶臼山町1-108天王寺公園內　◷9:30~17:00(入園至16:00),5、9月週六日例假日至18:00(入園至17:00)　⊗週一(遇假日順延翌日休)　⑤成人￥500,國中小學生￥200,小學生以下免費　⊕www.tennojizoo.jp/

航海王小物扭蛋機,一次￥200~300。

### 🍊 MUGIWARA STOREあべの店
### ONEPIECE 麦わらストア

航海王商品專賣店,豐富商品從造型公仔、絨毛玩具、文具、杯盤、服飾外,也跟知名戶外背包品牌聯名推出航海王圖案的包包,當然全套漫畫也找得到。

06-4393-8441　⊙ABENO Q'S MALL 3F　◷10:00~21:00　⊕www.mugiwara-store.com

大阪最著名的地標，
親身體驗豐臣秀吉一手打造的城池，
來趟歷史文化的知性巡禮

王牌景點 ⑩

日本三大名城之一的大阪城，是春天賞櫻名所；登上天守閣更能遠眺生駒山與六甲山景色。

**造訪大阪城理由**

① 大阪第一大城，輝煌將軍家地標

② 廣大的公園綠地，更是賞花季熱門地

③ 逛逛附近日本第一長的天神橋筋商店街

MAP P.126 A2~B2

## 大阪城
おおさかじょう／Osaka Castle

大阪城無疑是大阪最著名的地標，金碧輝煌的大阪城為豐臣秀吉的居城，可惜原先的天守閣早毀於豐臣秀賴與德川家康的戰火中，江戶時期重建後的城堡建築又毀於明治時期。二次大戰後再修復後則成為歷史博物館，館內展示豐臣秀吉歷史文獻。除了最醒目的天守閣之外，大阪歷史博物館就位於大阪城公園旁，還有幾處古蹟文物也不容錯過，如大手門、千貫櫓、火藥庫「焰硝藏」、豐國神社等，而西之丸庭園、梅林更是賞花季節人潮聚集的景點。

**大阪城小檔案**

創建人：豐臣秀吉
建造年份：1583年
重修年份：1931年
重要文化財：13棟(大手門、塀 3棟、多聞櫓、千貫櫓、乾櫓、一番櫓、六番櫓、焰硝藏、金藏、金明水井戶屋形、桜門)

# Do YOU KnoW

## 大阪城有姐妹城？

由豐臣秀吉創建的大阪城也有姐妹城，一位在滋賀縣的長濱城，同樣是由豐臣秀吉所築，並在昭和58年(1983)結成，長濱城(右圖)建於1573年，可說是大阪城的前輩；二為位在和歌山縣的和歌山城(左圖)，此城為豐臣秀吉之弟豐臣秀長築城，在昭和60年(1985)結成姐妹城。

大阪地下鐵谷町線、中央線【谷町四丁目駅】
大阪地下鐵谷町線【天滿橋駅】
大阪地下鐵中央線【森ノ宮駅】
大阪地下鐵長堀鶴見綠地線【森ノ宮駅】、
【大阪ビジネスパーク駅】
JR大阪環状線【森ノ宮駅】、【大阪城公園駅】
JR東西線【大阪城北詰駅】
京阪電車京阪本線【天滿橋駅】

稍稍延伸腳步，搭乘水上巴士，從大川可欣賞到開闊的水岸景觀，一路穿越大阪的橋樑，成為認識大阪水都風華的捷徑。

☎06-6941-3044
🏠中央區大阪城1-1
🕐9:00~17:00(入城至16:30)，櫻花季、黃金週、暑假閉館時間將延後(詳見官網)
🚫12/28~1/1
💰天守閣成人￥600，國中生以下免費
🌐www.osakacastle.net

**至少預留時間**
大阪城參觀：2小時
天神橋筋商店街吃吃買買：2~3小時

---

### 水陸兩用觀光巴士

在大阪城周邊道路上行駛的水陸兩用觀光巴士，起點在天滿橋旁的川の駅はちけんや(八軒屋)，沿途繞行大阪城周邊，接著變身為水上巴士，再由櫻之宮公園上陸，休息10分鐘變回陸上巴士再出發，沿途經過天神橋、中之島與道頓堀等地。

### 早晨好時光

可以利用商店還沒有開的早晨時光走走，可以呼吸新鮮空氣，還能體驗當地人的悠閒。下午還有時間的話，不妨參觀難波宮跡或進入大阪歷史博物館參觀，體驗不同的大阪知性之旅。

### 搭ご舟かもめ遊大阪城

遊船主題則發想自日常的遊憩活動，晨間朝食、水上咖啡館、酒吧夜航及建築巡遊是年間定番，並有季節限定的特別企畫，諸如賞櫻春遊、秋之紅葉行舟、擁被爐烤麻糬的冬遊船等。
🔽依行程不同，朝食遊船(航程80分鐘)週六日8:20、10:20發船
💰乘り合いのクルーズ 朝の時間(朝食遊船)成人￥4700，6~12歲￥2700 🌐www.ofune-camome.net ❗須於出遊日前3日正午前完成預約，前一天氣象預報降雨機率70%以上即不出航

大阪：大阪城

## 參觀重點
# 最著名的地標大阪城，除了最醒目的天守閣，還有哪些不容錯過的景點呢？

**❶天守閣**
按照原貌重建後亮麗豪華的天守閣還裝設電梯，即使行動不便的人也可輕鬆登上5樓，若要登上天守閣位在8樓的頂樓還要再爬個3層。

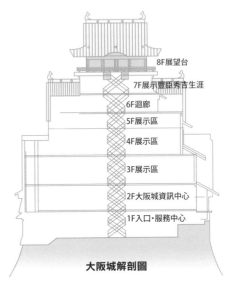

**大阪城解剖圖**

8F展望台
7F展示豐臣秀吉生涯
6F迴廊
5F展示區
4F展示區
3F展示區
2F大阪城資訊中心
1F入口・服務中心

由高往下可俯瞰大阪市全景，視野相當遼闊。

**❷金明水井戶**

1969年發現的這一口井居然是與1626年天守閣同時完成，1665年天守閣受到雷擊而火災，到了1868年又歷經戊辰戰爭兩度大火焚毀，這口井卻奇蹟似地沒有受到任何波及，到了江戶時代更被稱為黃金水。

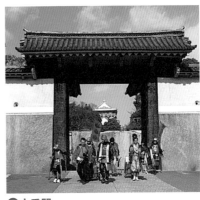

**❸大手門**
此為大阪城的正門，在古代稱之為追手門，為高麗門樣式創立於1628年，在1848年修復過一次，到了1956年更通通拆解完整修復，已經被列為重要文化財。

大阪：大阪城

124

## ❹西の丸庭園

原本是豐臣秀吉正室北政所的居所舊址的西之丸庭園，在昭和40年(1965)時開放給一般名眾參觀，這裡以超大的草坪與春天時盛開的櫻花出名，是大阪的賞櫻名所之一。◐9:00~17:00(11~2月至16:30)，入園至閉園前30分 ⊗週一(遇假日順延翌日休)、年末年始(12/28~1/4) ⓢ成人¥200，國中生以下免費 ⓦosakacastlepark.jp/facility/

## ❺時空膠囊

大阪城裡的時空膠囊是由松下電器與讀賣新聞於1970年大阪萬國博覽會時共同埋設，分為上下兩層，裡面有當時的電器、種子等2000多種物品，約定上層每隔100年打開一次，而下層則準備在5000年後開放。

## ❻梅林

2月底是梅花開放的季節，也是大阪城梅林最熱鬧的時候。大阪城梅林約有1200棵、近100個品種的梅樹。比起一瞬即逝的櫻花，梅花的花期更長，每到了早春的時節，大阪人們都會來這裡踏青賞梅。

## ❼刻印廣場

在石牆上篆刻許多紋樣或記號就稱為刻印，刻印廣場便刻著許多大名(幕府時代的臣子)的家徽，是江戶時代大阪城重建時特地表揚幫助完工的大名們，為了讓更多人看到，遂將所有刻印過的石頭集中到廣場來。

### 試著體驗

想要當當戰國時代的武將，可以到天守閣2樓，現場備有各樣的立付兜還有陣羽織試，現場也有女生穿的小袖，一起試穿拍照留下不同的大阪城記憶。收費為一人¥500(1次)。

### 誰是豐臣秀吉？

本名為木下滕吉郎，綽號猴子，出身鄉村貧民農家，之後取織田信長家臣丹羽長秀的羽字及柴田勝家的柴字合為羽柴改名為羽柴秀吉，其後仕奉織田信長因有才幹而發跡，在織田信長因本能寺之變而死後，於內部鬥爭中勝出，並各在山崎之戰擊敗明智光秀、賤岳之戰擊敗柴田勝家，篡奪織田家家業而成為接班人，爾後就任官職而獲賜氏姓「豐臣」，成為統一日本的戰國三傑之一。關於豐臣秀吉也有許多相關影視作品，像是豐臣公主、清須會議及信長協奏曲等。

## ❾豐国神社

豐国神社是祭祀豐臣秀吉的神社，豐臣秀吉、織田信長以及德川家康是日本戰國時代公認的三個霸主，出身極為低微，最後卻官拜太閣、一統天下。除了神社本身，境內羅列了許多巨石的日式庭園「秀石庭」也值得一看。

## ❽大阪城市立博物館

在天守閣的南側有一棟茶色磚造建築，上層也以城牆線條作為造型，最早是為記念昭和天皇即位的陸軍司令部，1931年完工，之後經歷過二次大戰，於昭和35年，因應建市70週年紀念而開幕成為市立博物館，展出大阪的歷史與文物。但2001年開設了大阪歷史博物館之後就此閉館，並於2017年改建為MIRAIZA大阪城。

## ❿MIRAIZA大阪城

與大阪城天守閣隔著廣場互望的這棟氣派中古歐洲古城式建築，建於1931年，最早是陸軍第四師團司令部辦公大樓，後來變成大阪市立博物館，重新整修後，2017年底變成為集合店鋪、咖啡與優雅餐廳的複合式設施。◐依店舖而異 ⓦwww.miraiza.jp

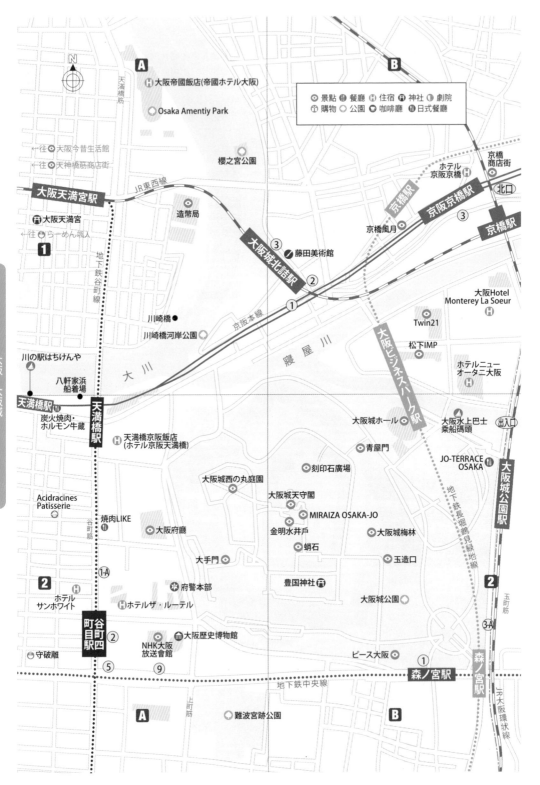

# 最具有代表性的大阪城周邊
# 還有什麼不容錯過的看點呢？

 **MAP P.126 B2** 大阪城公園

 **MAP P.126 A1** 造幣局

### 如何前往
JR大阪城公園駅、森ノ宮駅出站即達

### info
📞06-6941-1144 ◎中央區大阪城 ⏰自由參
觀 🌐osakacastlepark.jp

大阪城公園就位在大阪城玉造門跡
旁，廣大的森林公園內花木扶疏，還有
音樂堂、棒球場等設施。四月上旬櫻花

滿開時，
大阪城公
園成為關
西地區賞
櫻名所。

### 如何前往
JR大阪城北詰駅3號
出口向西徒步10分

### info

📞06-6351-5361 ◎
北區天滿1-1-79 ⏰4
月櫻花季節才開放，
視花開狀況而定，每
年時間不一定(詳見官網) ⏰櫻花季開放時自
由參觀 🌐www.mint.go.jp/

每年4月中下旬時，造幣局從南門到
北門間，長達560公尺的櫻花步道開滿
117種櫻花，是在明治初年由藤堂藩倉
庫移植而來，並在1883年開放讓一般市
民參觀。

 **MAP P.126 B2** JO-TERRACE OSAKA

 **MAP P.126 B1** IMP

### 如何前往
JR大阪城公園駅出站與2樓天橋直結

### info
📞06-6314-6444 ◎中央區大阪城3-1大阪城
公園內 ⏰8:00~22:00(依店舖而異) 🌐
www.jo-terrace.jp

JO-TERRACE OSAKA多達22家商店與
餐廳、綠意圍繞的新區域，在2017年新

開幕，以餐廳、咖
啡為主，這裡引進
大阪、關西各式排
隊美食餐廳分店，
是個美食大本營。

### 如何前往
大阪地下鐵
大阪ビジネス
パーク駅4號
出口徒步1分

### info

📞依店舖而異 ◎中央區城見1-3-7 ⏰購物
11:00~20:00、餐廳11:00~22:00(部分店家
7:00~23:00，詳見官網)

IMP (International Market Place)是由
松下企業的MID開發所建，其1~3樓有
許多商店與餐廳，連松本清、麥當勞等
連鎖店也都紛紛進駐。

# 天神橋筋商店街

天神橋筋商店街內有商家老舖、和服店、熟食外帶店、大眾食堂、小餐館等，不但便宜、口味又道地，可親身體驗大阪人日常生活

◎從大阪城到天神橋筋商店街和大阪天滿宮，搭乘大阪地下鐵谷町線南森町駅下車，或搭乘JR東西線大阪天滿宮駅下車。

◎南森町駅、JR大阪天滿宮駅可達天三、天二、天一、扇町駅可至天四，JR天滿宮駅可達天五，天神橋筋六丁目駅出站可達天五、天六。

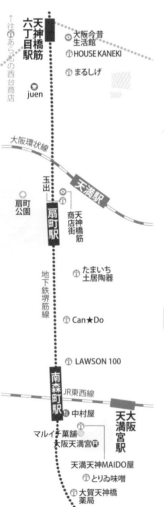

## 玉出 天神橋店

**info**

☎06-6355-3335 ⏰北區天神橋4-8-9 🕐24小時

www.supertamade.co.jp

玉出超市據點集中於大阪地區，常常推出¥1特賣商品，開賣前店外早已大排長龍，婆婆媽媽各個摩拳擦掌訂定好戰略計畫，開賣後又是一團混戰，絕對要眼明手快才能搶到想要的激安商品。除此之外，玉出超市的裝潢也非常有特色又有趣。

玉出超市有「日本一的安売王（日本最便宜）激安超市之稱！

## Do YOU KnoW

### 日本最長商店街

天神橋筋商店街原本是大阪天滿宮的參拜道，逐漸繁榮起來，從一丁目(天一)到七丁目(天七)總長2.6公里為日本最長商店街，從早到晚都十分熱鬧。這裡也是NHK2013年晨間劇「ごちそうさん」(多謝款待)的故事場景地，跟著め以子(芽以子)腳步逛逛商店街。

天神橋筋商店街的設計巧思

天神橋筋商店街頗有設計巧思，在商店街二丁目入口處上方有4個御迎人形在歡迎你，從二丁目到三丁目之間的商店街，上方有空飛ぶ鳥居(飛翔的鳥居)，而鳥居顏色從鮮紅色接著變成水藍色鳥居，最後是草綠色鳥居，整排的鳥居非常壯觀，四丁目的入口上方則是一隻粉色的瓢蟲，身上有四個斑點來代表四丁目商店街道，簡單明瞭又有趣。除此之外，三丁目到四丁目之間的馬路路口，舊時旧天滿堀川上的夫婦橋，現在已經變成道路，只剩紀念石碑，供懷幽思古。

**大阪天満宮**

**info**

☎06-6353-0025　🏠北區天神橋2-1-8　
9:00~17:00　🌐www.tenjinsan.com/
index.html

　大阪天滿宮與京都的北野天滿宮、福岡縣的太宰府天滿宮被稱為日本三大天滿宮，大阪市民暱稱天滿宮為「天神さん」，祭奉學問之神菅原道真，每到考季前夕，人潮絡繹不絕，各地考生會到此參拜，祈求考試順利合格。

**天神祭**

天神祭每年都吸引百萬以上的觀光客，和京都祇園祭、東京神田祭，並稱日本三大祭。已有千年以上歷史的天神祭，在每年7月24、25日舉辦，以7月25日的「陸御渡」和「船御渡」為重心，「陸御渡」

是陸上的祭典行列遊行，「船御渡」則是水上行船遊行，最早是在豐臣秀吉築大阪城時定下的另一祭典形式。

由大阪的各商業組織、大商舖、商社會自組迎神船，參與水上遊行。

**梅鉢紋**

天滿宮的神紋，而梅花與天滿宮結緣源自於飛梅傳說，因為菅原道真非常喜愛梅花，在他被流放前夕，對自家梅花庭唱起和歌「東風吹かば 匂い起こせよ 梅の花 主なしとて 春な忘れそ」，意思是「東風若吹起，梅花香氣撲鼻而來我身邊；梅花就算沒有我，也不要忘記有春天的到來。」結果這些梅花神奇的在一夜之間飛到他即將被流放的九州太宰府裡，這傳說至今還是令人津津樂道，也因此在各個天滿宮都有種植梅樹，每到春天就成為賞梅的名所。

天滿宮裡都有臥牛像，牛是祭神的使者，據說，摸牛頭可以增長智慧和增加財運！

大阪：大阪城

 **有此一說～**

**合格麵包的故事**

據說店主舞原孝一先生的長男從小到大因為吃了爸爸做的合格麵包，升學之路一路順遂，從灘高中，考上京都大學，再考上日本最高學府東京大學研究所，合格麵包也因此大大出名。

 **マルイチ菓舖**

**info**

☎06-6351-5224　🏠北區天神橋2-1-20　
10:00~18:00

　因合格麵包而出名的マルイチ菓舖，合格麵包是繪馬造型，繪馬造型有祈求考試順利合格，考上理想的學校之意，或許是位於附近的大阪天滿宮學問之神來加持吧，讓懷抱夢想的莘莘學子，能順利考上自己裡想的志願。

大阪市區必逛商店街，人聲鼎沸24小時不打烊！

王牌景點 ⑪

大阪：心斎橋筋商店街

道頓堀戎橋一帶的大招牌已成為當地特色，是每位來這裡的遊客都要合影留念的拍照地。

MAP P.133

心斎橋筋商店街
しんさいばしすじしょうてんがい／Shinsaibashisuji

心斎橋是條身負百年歷史的購物商店街，知名的百貨SOGO就是從這裡發跡的。從前，大阪商人利用長堀運河載著貨物到此交易，熱鬧景象維持至今。擁有遮陽頂蓋的心斎橋筋商店街中，百貨公司、餐廳、老舖、時尚流行等琳瑯滿目的商家林立，逛街的人潮絡繹不絕，到了假日更是擁擠。而隔壁的御堂筋林蔭濃密，街道尺度寬敞舒適，更是大阪精品最集中的區域，讓人彷彿置身巴黎香榭大道。

造訪心齋橋筋商店街理由

① 享受大阪人的熱情，與洶湧逛街人潮

② 百貨商店林立，讓你買到手軟、逛到腳痠

③ 周邊緊鄰風格多樣的獨特商圈

# Do YOU KnoW

## 大阪市內筋與通的差別

走在市中心，在不看地圖情況下，想要簡單的辨識方位，靠著路名也可略知一二。大阪市區內主要街道都以「〇〇通」、「〇〇筋」來命名，南北向都稱為筋、東西向則稱為通，因此像是觀光客最愛逛的心齋橋筋商店街，就是一條南北向的街道。

## 感受豹紋裝大阪嬸魅力POWER！

總讓人感覺元氣滿滿的大阪人，不僅愛搞笑成了一項龐大娛樂產業，連印象中常穿得花枝招展、不講話會死、特愛豹紋裝的大阪嬸也是其中一絕。2011年一群高齡平均近65歲的大阪嬸還組成Rap樂團，橫掃日本娛樂圈，不但出唱片、拍廣告、出席各式活動代言，MV在Youtube還衝破百萬人次點閱。多達47位成員的歐巴桑女團「歐巴醬」（オバチャーン，OBACHAN）魅力簡直不輸AKB48，下次來大阪，不妨來點特別娛樂，去感受一下大阪嬸的現場POWER吧！

www.obachaaan.com/

ⓘ
🏠 中央區心齋橋筋1丁目~2丁目
📞 06-6211-1114(心齋橋筋商店街振興組合)
🌐 www.shinsaibashi.or.jp

📍
大阪地下鐵御堂筋線、長堀鶴見綠地線【心斎橋駅】
JR大和路線(關西本線)【難波駅】
南海電鐵南海本線、高野線、空港線【なんば駅】
大阪地下鐵御堂筋線、千日前線、四つ橋線【なんば駅】
近畿鐵道近鐵難波線(奈良線)【大阪難波駅】
阪神電鐵阪神なんば線【大阪難波駅】

🕐
至少預留時間
心齋橋筋商店街：2~3小時
周邊商圈逛逛：2小時
道頓堀商圈：2~3小時

怎麼玩
心齋橋筋商店街
才聰明？

### 串聯難波‧道頓堀

高舉雙手衝刺的跑步選手固力果跑跑人看板與大招牌已成為來到大阪必訪景點，從心齋橋只要徒步10分鐘就可抵達道頓堀，將兩處串聯成一整天的逛街行程！

### 要逛的好多，要從哪裡逛起？

心斎橋駅周邊能逛的實在太多啦，哪裡才是你想逛的呢？專攻美妝請到心齋橋商店街，吃吃喝喝就到南頓堀，歐風下午茶請到南船場，想找最日本味的小物不要錯過千日前道具屋筋商店街！

心齋橋是有百年歷史的購物區，現在西式建築林立，但早期的建築也隱身在鋼筋大樓中，可以來尋寶。

# 一到假日吸引超過10萬人潮，心齋橋筋商店街究竟有什麼魅力？周邊必逛商圈一起報你知！

**心斎橋駅周邊商圈逛起來～**
相較於梅田或大阪駅附近的高級精品氛圍，難波、心齋橋更具有在地活力，擁有更多元化的商圈，從裡面選一個自己喜歡的商圈逛逛！

## 心斎橋筋商店街　最好買！

心齋橋商店街內的商家，比起鄰近平行綠樹成蔭的御堂筋，略為平價一些，從主幹道延伸而出的許多小街巷，更是別具風味。商店街也有許多美食名店，吸引大批遊客來遊逛，不論平時或假日，隨時都可以看到人群萬頭鑽動。

有著遮雨棚的心齋橋筋商店街，不用擔心日曬雨淋。

## 南船場　最時尚！

由於緊鄰著水路交通要道長堀通，南船場在昔日聚集許多紡織布料的批發商店。如今，這一帶洋溢著輕鬆悠閒的下午茶氣氛，充滿綠意的赤紅色地標建築Organic大樓以自然共生的概念，曾多次贏得建築設計獎，也為這區更添品味與質感。

堀江公園附近還有更多小店等你來發掘！

## 堀江　最獨特！

堀江曾為立花通周邊是家具批發賣場的集中地，在舊家具商圈沒落後，如今紛紛被改裝成個性十足的商店。國內外精選的流行服飾、個性配件、生活雜貨、現代家具等，皆可看到店主獨特的品味。

## 美國村　最流行！

大阪的美國村等同於東京的原宿，係指大阪南區心齋橋以西，長堀通以南的區塊，起源於1970年代，開始有人販賣美國進口的衝浪服裝、夏威夷風的服飾而得名，現在成為年輕人最愛的個性雜貨、古著聚集地。

大阪：心斎橋筋商店街

（地圖）

南船場　A
心斎橋駅　③①　長堀駅　2-B
見P.137　地下鉄長堀鶴見緑地線
地下鉄四つ橋線　見P.135
四ツ橋駅③　心斎橋駅　⑤⑥　長堀駅⑦　◎景點　🍴購物　🏬百貨　🍴餐廳　◎公園
⑥　OPA　⑧⑦　大丸
堀江公園◎　BIG STEP　地下鉄堺筋線　1
堀江　三角公園　大丸　堺筋
美國村　心斎橋筋商店街
四ツ橋筋　見P.136　御堂筋
北極星　見P.133
戎橋　道頓堀川
見P.138～141　かに道楽
地下鉄千日前線　⑭　法善寺　国立文楽劇場
⑮-B　近鉄難波線
なんば駅　日本橋駅
JR難波駅　大阪難波駅　近鉄日本橋駅
JR大和路線　自由軒　日本橋駅　2
なんば駅　NAMBA NANNAN
高島屋
なんばCITY　南海本線　なんば駅　高島屋東別館　N
大阪府立体育会館　日本橋電器街
NAMBA PARKS　A

# 必逛重點 ②

## 心齋橋筋商店街琳瑯滿目的商家，讓你逛好買滿不停歇！

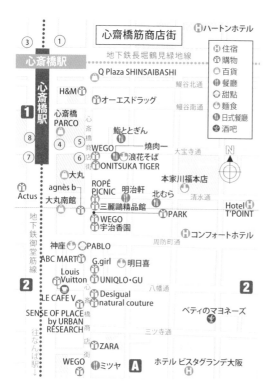

心齋橋筋商店街

心斎橋駅

地下鉄長堀鶴見緑地線

H ハートンホテル

| 图例 | |
| --- | --- |
| H | 住宿 |
| 🛍 | 購物 |
| 🏬 | 百貨 |
| 🍴 | 餐廳 |
| 🍰 | 甜點 |
| 🍜 | 麵食 |
| 🍱 | 日式餐廳 |
| 🍷 | 酒吧 |

Q Plaza SHINSAIBASHI

H&M

オーエスドラッグ

心斎橋 PARCO

鮨ととぎん

WEGO　焼肉一

ONITSUKA TIGER　浪花そば

大丸　本家川福本店

agnès b
Actus　大丸南館

ROPÉ PICNIC　明治軒
三麗鷗精品館　北むら

WEGO　PARK
宇治香園

神座　PABLO

ABC MART　G.girl　明日喜

Louis Vuitton　UNIQLO・GU

LE CAFE V
SENSE OF PLACE by URBAN RESEARCH　Desigual
natural couture

ベティのマヨネーズ

ZARA

WEGO　ミツヤ　A　ホテル ビスタグランデ大阪

Hotel T'POINT

コンフォートホテル

MAP P.133 A1

## 大丸百貨 心斎橋店

**如何前往**

大阪地下鐵心斎橋駅5號出口即達
☎06-6271-1231　🏠中央區心斎橋筋1-7-1　⏰10:00~20:00，本館B2F美食街11:00~20:00(週五六日例假日至21:00)，本館10F餐廳11:00~21:00，南館B1F花園(女性專區)10:00~20:00　❌1/1

www.daimaru.co.jp/shinsaibashi　❗出示護照至本館1樓服務台可換領取5%off的優惠券

　　1726年於心齋橋店址開設吳服店的大丸，是歷史悠久的老牌百貨，建物外觀為1925年落成，中央玄關上的陶瓷孔雀也成了大丸百貨的形象。2015年閉館整修後，終於在2019年重新開幕，北館則改建為氣息年輕的PARCO，吸引多項年輕品牌進駐，重新成為心齋橋的時尚門面。

MAP P.133 A1

## 心斎橋PARCO

**如何前往**

大阪地下鐵心斎橋駅5號出口即達
☎06-7711-7400　🏠中央區心斎橋筋1-8-3　⏰10:00~20:00，B1F SHINSAIBASHI MARKET10:00~21:00，B2F心斎橋ネオン食堂街11:00~23:00，13F御堂筋ダイニング11:00~22:00　🌐shinsaibashi.parco.jp

　　2019年重新開幕的大丸百貨心齋橋店，本館維持著原本的傳統百貨，北館則重新設計為低年齡層取向的PARCO，館內廣納各項年輕品牌進駐，6樓更是安排成次文化品牌大集合彷彿主題樂園一般熱鬧，吸引大家入場逛個眼花撩亂。

## 🍴 赤白 心斎橋PARCO店

以平價的創作法式和風料理及紅白酒為主題，必點的燉煮白蘿蔔佐蘑菇濃醬，用高湯燉煮的軟綿又能維持形狀的白蘿蔔，淋上香氣撲鼻的蘑菇濃醬，搭配店內幫客人選的紅白酒，是來到大阪想要微醺一番的好地方。
☎06-4708-4437　🏠心斎橋ネオン食堂街B2F　⏰11:00~21:00　💰大根ポルチーニ茸のクリームソース(燉煮白蘿蔔佐蘑菇濃醬)¥198

## 用餐選擇

# 開始大逛街前要先填飽肚子，心齋橋有哪些必吃的美食呢？

---

## 総本家浪花そば 心斎橋本店

手工蕎麥麵

### 季節のそば膳宴（季節蕎麥麵餐宴）
### ¥2508
推薦菜

 中央區心斎橋筋1-4-32

在烏龍麵盛行的大阪，總本家浪花そば賣得卻是蕎麥麵！麵類最重要的即是湯頭，浪花そば是以鰹魚、鯖魚和沙丁魚等三種魚乾熬煮出融合的鮮味，不用昆布因此呈現透明美麗的琥珀色，手工蕎麥麵與費工熬製的鮮湯正是關西風的美味精華。

P.133A1 大阪地下鐵心斎橋駅5、6號出口徒步2分 06-6241-9201 11:00~23:00(L.O.22:30)，週日、例假日至22:00(L.O.21:30) naniwasoba-shinsaibashi.com/

---

## 神座 心斎橋店

美味拉麵

### おいしいラーメン（美味拉麵）
### ¥740
推薦菜

中央區心斎橋筋2-8-26

曾經多年蟬聯大阪第一拉麵寶座的神座，據說知道湯頭美味秘訣的就只有以西餐主廚出身創業的老闆，大量的白菜和片狀叉燒肉一端上桌，建議先享受純粹原味，再依喜好加入桌上免費提供的辣味韭菜，體驗富層次感的味覺。

P.133A2 大阪地下鐵心斎橋駅5、6號出口徒步2分 06-6213-1002 10:00~翌7:30(L.O.7:00) www.kamukura.co.jp

---

### 精肉すき焼き（壽喜燒）
### ¥9100
推薦菜

## 北むら

牛肉壽喜燒

中央區東心斎橋1-16-27

創業已經超過百年歷史的北むら提供最正統的關西風壽喜燒，將菜與肉分開燉煮，鮮嫩的肉先加入砂糖煎得軟嫩，起鍋後裹上生雞蛋，一口吃下頂級牛肉，實在美味。接著用鍋內的肉汁加入昆布汁燉煮蔬菜與豆腐，日本肉料理與蔬菜美味的結合所形成的極致享受。

P.133A1 大阪地下鐵心斎橋駅5、6號出口徒步4分 06-6245-4129 16:00~22:00 週日、例假日、年末年始(12/29~1/4)、夏季(8月中) shimizu.or.jp/kitamura

---

### オムライス 中（中份蛋包飯）
### ¥800
推薦菜

## 明治軒

復古洋食

中央區心斎橋筋1-5-32

昭和元年創業的明治軒，是大阪心齋橋有名的洋食店，從外觀到內部空間都充滿著濃濃的懷舊風情，招牌的蛋包飯滑嫩香柔，澆在上面的醬汁更是以醬油融合番茄醬為基底，用紅酒將上等牛腿肉和洋蔥等香料精心熬煮2天；也可以另外加點串炸，同時享用兩種國民美食。

P.133A1 大阪地下鐵心斎橋駅5、6號出口徒步3分 06-6271-6761 11:00~15:00(L.O.)、17:00~20:30(L.O.20:00)，週六日例假日11:00~15:20(L.O.)、17:00~21:00(L.O.20:00) 週三(遇假日順延翌日休) meijiken.com/meijiken.html

# 延伸景點❶

## 美國村

### 齊聚年輕人活力，個性店家、平價潮流、獨特古著和雜貨小物等你來淘寶！

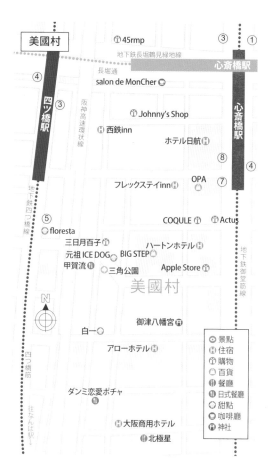

美國村
心斎橋駅
⑪45rmp
地下鉄長堀鶴見緑地線
長堀通
salon de MonCher ◎
四ツ橋駅
阪神高速環状線
⑪ Johnny's Shop
⑭ 西鉄inn
ホテル日航⑭
心斎橋駅
フレックステイinn⑭
OPA
COQULE ⑪ ⑪Actus
⑤ floresta
三日月百子⑪
元祖 ICE DOG
甲賀流⑪
BIG STEP
ハートンホテル⑭
◎三角公園
Apple Store ⑪
美國村
地下鉄御堂筋線
御津八幡宮⑯
白一◎
アローホテル⑭
ダンミ恋愛ポチャ⑪
⑪大阪商用ホテル
⑪北極星

◎ 景點
⑭ 住宿
⑪ 購物
◎ 百貨
⑪ 餐廳
⑪ 日式餐廳
◎ 甜點
◎ 咖啡廳
⑯ 神社

## 👁 三角公園

如何前往

大阪地下鐵心斎橋駅7、8號出口徒步2分

◎中央區西心斎橋 ◎自由參觀 ◎自由參觀

　美國村裡的御津公園又稱為小三角公園，於1997年重新規劃後成為街角的劇場，公園內的圓形階梯狀廣場中，任何人都可以在此進行表演。由於這塊開放空間寬敞舒適，無論是平常日或假日，隨時都可看到許多人群在此聚集歇息，而因為地標明確，也成為大家約在美國村的碰面地點。

## 🧁 元祖ICE DOG

如何前往

大阪地下鐵心斎橋駅7、8號出口徒步2分

📞06-6281-8089 ◎中央區西心斎橋1-7-111F、B1F ◎11:00~21:00 ◎不定休
◎アイスドッグ バニラ(香草霜淇淋熱狗) ¥450 ◎www.ice-dog.net/

　ICE DOG，冰狗？其實這是一種相對於「熱狗」的小吃。由老理髮廳改建而成的元祖ICE DOG其實是老闆為了求新求變，進而創意發想而出的大阪名物。夾入冰淇淋的麵包堡一口咬進嘴裡，融合得天衣無縫的奇妙口感；不只有傳統的香草口味，老闆也研發出巧克力、抹茶等創新口味，吃上一口，就會愛上。

在剛炸好熱呼呼的麵包中夾入冰淇淋，有種冷熱衝突。

# 堀江

大阪最時尚流行的個性商圈，集中在堀江一帶，此區又有「關西代官山」的稱號

大阪：心斎橋筋商店街

## 👁 堀江公園

**如何前往**

大阪地下鐵四ツ橋駅5、6號出口出站徒步6分

🏠西區南堀江1-13 ●自由參觀 ●自由參觀

　位於堀江中央位置的堀江公園不僅提供附近居民假日休閒的好去處，更是讓堀江擁有放鬆氣氛的重要場所，公園周邊聚集了許多個性獨特的雜貨小店、服飾店和餐廳。

## ☕ 喫茶と菓子 タビノネ

**如何前往**

大阪地下鐵四ツ橋駅5、6號出口出站徒步6分

📞080-9170-8782 🏠西區北堀江1-13-20

●10:00~19:00(L.O.18:00) ●3/4、3/11

●漸層色蘇打￥680 🌐webshop.tabinone.net

　原址是開業40多年的老咖啡館，業者因年老想要歇業，但創立於京都「珈琲焙煎所 旅の音」不捨得這樣的風景消失，便承接經營，除了保留原本裝潢與菜單外，也將自己的咖啡品牌進駐，店裡招牌的漸層色蘇打復刻老店咖啡廳的風格，還提供了手工甜甜圈當作外帶用伴手禮。

## 🧁 Pâtisserie Ordinaire

**如何前往**

大阪地下鐵四ツ橋駅5、6號出口出站徒步8分

📞06-6541-4747 🏠西區南堀江2-4-16 ファヴール南堀江1F ●11:00~19:00(L.O.18:30) ●週四，週三不定休(詳見官網) ●巧克力4入￥970 🌐patisserieordinaire.wixsite.com/ordinaire ●目前暫停內用

　巧克力是本店的主打明星商品，長谷川益之甜點師傅在曾東京的巧克力店工作累積不少經驗，2011年獲得日本菓子協會所舉辦的甜點比賽(蛋糕類)優勝獎肯定。

擁有豐富層次感的蛋糕與巧克力，錯過絕對會扼腕不已。

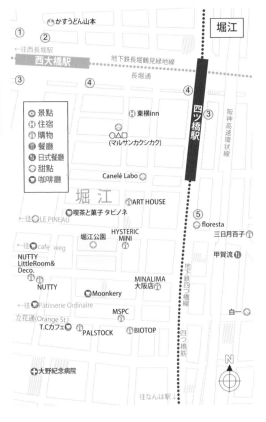

かすうどん山本

堀江

①②

←往西長堀駅 地下鉄長堀鶴見緑地線

**西大橋駅**

長堀通

③ ④

●景點
●住宿
●購物
●餐廳
●日式餐廳
●甜點
●咖啡廳

東横inn

△▢□
(マルサンカクシカク)

Canelé Labo

四ツ橋駅

阪神高速環状線

④

ART HOUSE

**堀江**

←往LE PINEAU

喫茶と菓子 タビノネ

堀江公園

HYSTERIC MINI

←往 cafe weg

NUTTY
LittleRoom&
Deco.

NUTTY

Moonkery

MINALIMA
大阪店

←往Pâtisserie Ordinaire

MSPC

立花通(Orange St)

T.Cカフェ

PALSTOCK

BIOTOP

⑤ floresta

三日月百子

甲賀流

白一

地下鉄四ツ橋線

四ツ橋筋

大野紀念病院

N

往なんば駅↓

# 南船場

潮流精品商店的大本營，坐落在街角的露天咖啡座，充滿著異國的悠閒生活感

往本町駅→
時分時 Ⓗ
Doors Dining Ⓗ
Colombo Ⓗ
wad omotenashi cafe
marimekko Ⓗ
鶏Soba座銀
にぼし店 Ⓗ
往堺筋本町駅→
パンとエスプレッソと
堺筋倶楽部

南船場

往本町駅→
三井住友 Ⓑ
Organic building
mg. Ⓗ

ふぐ料理
北むら Ⓗ
ⓂARANZI ARONZO
よしや Ⓗ
DAISO

南船場

◎ 景點
Ⓗ 住宿
Ⓜ 購物
Ⓑ 百貨
Ⓗ 麵食
Ⓗ 日式餐廳
◎ 甜點
◎ 咖啡廳

寿里庵 Ⓗ
大阪農林会館 ◎

Dolphin ◎
ホテルトラスティ Ⓗ

45rmp Ⓜ
③
①
ハートンホテル Ⓗ
チサンホテル Ⓗ
2B
①

心斎橋駅
長堀橋駅

salon de MonCher ◎
心斎橋駅
地下鉄長堀鶴見緑地線
Q Plaza SHINSAIBASHI
鰻谷北通
5A
③
④

H&M
長堀橋駅

## Organic Building

由於想為南船場引入趣味元素，邀請來著名的義大利籍建築師Gaetano Pesce所設計，橘紅色的建築外觀上種滿綠色植栽，細心維護下讓街道充滿翠綠生機。

於1993年完工的Organic Building是南船場的地標。

---

## 鶏Soba座銀 にぼし店

### 如何前往

大阪地下鐵心斎橋駅1號出口徒步4分

☎06-6244-1255 ⓐ中央區南船場3-9-6ル西側1F、B1F ⏰11:00~22:00(L.O.21:30)、週六日例假日10:30~22:000(L.O.21:30) ⓢ鶏soba¥920

📷www.instagram.com/torisobazagin/

　大阪在地人喜愛的排隊名店，多次入選食べログ西日本百大拉麵名店，以濃郁的豚骨和醇厚的雞白湯而受歡迎。雞肉使用低溫烹調的方式，口感濕潤，不乾燥，濃厚的湯底鋪上一層炸牛蒡，有嚼勁的麵體配上酥脆的炸牛蒡，讓來食用的人獲得前所未有的滿足。

---

## 大阪農林会館

### 如何前往

大阪地下鐵心斎橋駅1號出口徒步5分

☎06-6252-2021 ⓐ中央區南船場3-2-6 ⏰依店舖而異 ⓧ依店舖而異 📷www.osaka-norin.com

探索大阪農林會館的最佳方式就是一間一間地推開去看看。

　建於昭和5年(1930年)的大阪農林會館，是提到大阪的懷舊建築就一定不會錯過的「名勝」。原先是三菱公司大阪分公司，公司遷出後，現在五層的建築分租給眾多個性商店，生活雜貨店、服飾店、藝廊和餐廳，其中也有很多辦公室和個人工作室進駐。

# 串・聯・行・程・① 難波

難波四通八達的聯外網路也吸引商場、百貨，還可一路輕鬆徒步直達道頓堀和心齋橋，一次逛遍大阪南區精華。

大阪：心齋橋筋商店街

◎從心齋橋步行約10分鐘即可到難波及道頓堀。
◎電車可搭乘JR難波駅、南海なんば駅、近鐵・阪神大阪難波駅、大阪地下鐵なんば駅等下車。

## NAMBA PARKS

MAP P.132 A2

info

☎06-6644-7100　♀浪速區難波中2-10-70　●購物11：00～21：00，餐廳11：00~23：00　❀不定休（詳見官網）　✆www.nambaparks.com　❶出

示護照至2樓服務台可領取￥500的優惠券

　難波公園是於2003年秋天落成的複合性商業設施，所在地曾是大阪球場，以大阪未來都市的概念進行開發，請到和東京六本木HILLS相同的設計團隊規劃，創造出一處都市中的森林綠洲。

擁有空中花園的百貨商場，一同感受和東京六本木HILLS同設計團隊所創造的建築之美。

### 輕鬆解決複雜的難波地下街

難波是南大阪的交通中心，JR、地鐵、南海電鐵、阪神電鐵等私鐵匯集，每一條路線可能差距甚遠，若從南海なんば站徒步到JR難波站，包含上下樓層時間可能得花20分鐘以上，建議先鎖定要去的地區再搭乘最近車站的路線電車抵達。

**難波・道頓堀**

A　B

景點　住宿　購物　百貨　麵食　日式餐廳　甜點　咖啡廳　劇院

道頓堀川

往心齋橋駅　大阪王將道頓堀本店　一蘭　往道頓橋駅　往谷町九丁目駅→

唐吉訶德　H&M　戎橋　あっちち本舗　浮世小路　金龍ラーメン

びっくりドンキー　かに道楽　とんぼりリバークルーズ乗船処

新戎橋　今井　十八番　ぐりこ・や　たこ八　千房　藏壽司道頓堀店

はり重　TSUTAYA　食倒太郎　神座　本家大たこ　たこ昌　一蘭道頓堀店別館

道頓堀ホテル　大阪松竹座　純喫茶アメリカ　美津の　かつ丼吉兵衛

大阪王將なんば御堂筋店　とんべえ　Alcyon　法善寺横丁　かつ丼ちよ松

いちびり庵　DAISO　喝鈍　法善寺　ざをう

namBa HIPS　上方浮世繪館　夫婦善哉　おかる　丸福咖啡

Indian Curry　Crepèrie Alcyon　阿拉比亞咖啡　玉製家

國立文楽劇場

地下鉄千日前線　千日前通

なんば駅　大阪難波駅　日本橋駅　近鉄日本橋駅　近鉄難波線

地下鉄四つ橋線　なんば駅　Namba Walk(地下街)　日本橋駅

蓬萊　蟹しぐれ なんば店　Bic Camera　オーエスドラッグ

蓬萊551　高橋食品

りくろーおじさんの店　重亭　自由軒　千日前中央通　伊吹珈琲

北極　なんば オリエンタル ホテル　太政　黒門中川　門　三都屋

難波0101　SUPER HOTEL　千成屋

福太郎

 **MAP P.132 A2** 　**会津屋 難波店**

info

☎06-6649-7008

⊕中央區難波5丁Namba NANNANタウンB1F (E2)

🕙10:00~22:00　🈵奇數月的第3個週四

💰元祖章魚燒9個￥420

🌐www.aiduya.com

位於ＮＡＮＮＡＮTown商店街中的会津屋，是名聞遐邇的大阪章魚燒，店內還有任君選擇的「注文燒」，加蔥、加蛋，都可以嚐到與眾不同的味道。來到Namba NANNAN

也可以吃到這傳統的章魚燒，嚐嚐元祖風味，麵糊中添加醬油高湯的好滋味。

**章魚燒**
據說章魚燒是由大阪的会津屋參考明石燒所創新出的平民料理，在大阪流行的時間大約是二次世界大戰之後，由於大阪周邊的瀨戶內海是「真章魚」產量最豐富的地方，大阪人將章魚丁放入麵粉糊，在球形鐵板中燒成一口大小，灑上柴魚片再蘸醬料，是道簡單又實惠的庶民美食。

整條街賣著琳瑯滿目的廚房用品，買些和風食器當紀念品也不錯！

 **MAP P.132 A2** 　**千日前道具屋筋商店街**

info

⊕中央區難波千日前

🌐www.doguyasuji.or.jp

千日前道具屋筋商店街是販賣各式廚房用品的地方，可以在這裡挑到可愛的小箸台、精巧的漆器食具、五花八門的日式料理專用鍋碗瓢盆，還有開店用的布幔、器具等。還有可愛的吉祥物まい道くん在等著你光臨喔！

# 串·聯·行·程·② 道頓堀

來到道頓堀一定要和高舉雙手衝刺的跑步選手「Glico」看板合影一張,再大吃各種大阪國民美食,章魚燒、拉麵、烏龍麵、大阪燒。

glico跑步先生矗立至今超過80年,現在是第6個版本!

MAP P.138 A1 **戒橋**

info

📞06-6641-3362戒橋商店街振興組合

📍中央區難波、道頓堀一帶

　位在道頓堀與心齋橋的入口的戒橋總是聚集滿滿的人潮,有店家拉生意的、有等人的,還有觀光客。由於從戒橋向戒橋商店街的方向可以看到大阪名人固力果的超大看板,路過的旅客紛紛停下腳步合影留念,因此這裡鎂光燈此起彼落,十分熱鬧。

**Runnerさん每天變化9種燈光及跑步背景**

位於道頓崛戒橋邊的glico跑步先生(Runnerさん),大受歡迎的跑步先生看板不單是最熱鬧的會面點,巨大霓虹燈看板裡的跑步先生,可是天一黑就賣力地跑不停呢!首先背景除了從白天、夕陽變成夜晚之外,每15分鐘還會變成跑在世界五大洲的不同場景,運氣好的話,還可以看到被各式糖果淹沒的趣味特別版,下次再經過,試試看你能收集到幾個畫面吧!

◎往道頓堀從大阪地下鐵御堂筋線なんば駅的14號出口出站最快,出站後回頭往北走約2分就可看到道頓堀入口。

**EBISU Tower**

道頓堀分店最大的特色就在上方矗立一座創下許多紀錄的摩天輪「EBISU Tower」,其高度77.4公尺,是世界上第一個長橢圓形的摩天輪。在2008年因為安全為由而停止運轉,過了10年,在2018年重新開放!

搭一次¥600!

MAP P.138 A1 **唐吉訶德 道頓堀店**

ドン・キホーテ

info

📞0570-026-511 📍中央區宗右衛門町7-13 🔽

11:00~翌3:00,EBISU Tower 14:00~20:00(售票至19:30) 🚫EBISU Tower 週二、雨天 🌐www.donki.com,(EBISU Tower)www.donki.com/kanransha/

　唐吉訶德是日本知名的便宜商店,分店遍及各地,在旅行途中如果有缺東缺西,或是半夜無聊睡不著,來一趟唐吉訶德包你有挖不完的寶。道頓堀店佔地大樓層數也多,從食品、電器、藥妝品、伴手禮、小文具、雜貨等一應俱全。

## 食倒太郎
くいだおれ太郎

MAP P.138 A1

info

⚲ 中央區道頓堀1-7-21中座くいだおれビル前

　食倒太郎可是在大阪無人不知無人不曉的大人物。最早於昭和24年(1949年)在道頓堀開了「大阪名物くいだおれ」的店,太郎是當店的看板明星,後因建築物老舊與周遭環境改變的理由於2008年7月8日結束營業,隨著該店結束營業食倒太郎也一度銷聲匿跡。隔年7月,在眾人殷殷期盼下,くいだおれ太郎復活了!

## 法善寺橫丁

MAP P.138 A1

info

🕐 依店舖而異

⚲ 中央區難波1

💰 依店舖而異

🍴 依店舖而異

　道頓堀的法善寺橫丁是條很有味道的小巷子,從千日前筋商店街可以看到充滿情調的招牌、燈籠招牌與石坂路。由於古風濃濃,吸引60家以上的餐飲店舖進駐,包括串炸、相撲鍋、燒肉、拉麵、大阪燒等,建議晚上來此用餐,順便體驗別具風情的大阪古文化。

## 👉 周邊逛逛

### 黑門市場

位在難波東側的日本橋地區好吃又好玩,其中黑門市場的美食更是眾多,從江戶時代即開始經營的傳統市場,有「大阪的廚房」(浪速台所)之稱。總長580公尺的黑門市場,不論是日式醃漬菜、生鮮食材、水果,甚至是外帶熟食,都可以在這裡找到道地口味!
🌐 www.kuromon.com

從河豚批發商起家的浜藤,可以品嚐到最高級的河豚料理。

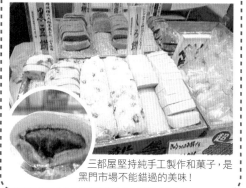

三都屋堅持純手工製作和菓子,是黑門市場不能錯過的美味!

# 1970年大阪與世界接軌的綠色園地，更是賞春櫻秋楓的名所之一！

**造訪萬博紀念公園理由**

1. 大阪著名的賞櫻及賞楓名所
2. 感受1970年舉辦的萬國博覽會盛況
3. 一訪大阪著名地標之一「太陽の塔」

EXPOCITY有日本最大摩天輪「Osaka Wheel」，搭上摩天輪，看著不遠處的太陽の塔從高變低，從高處飽覽大片綠地、四季花朵，夜晚時還可欣賞大阪都會夜景，實在是一大享受。

## 万博記念公園

ばんぱくきねんこうえん／Expo'70 Commemorative Park

**MAP P.144**

位於大阪中北部吹田市千里丘陵的萬博紀念公園，是大阪著名的三大賞櫻名所之一，其前身為1970年日本所舉辦的萬國博覽會(簡稱大阪万博、EXPO '70)舊址，會場占地330公頃，由日本建築師丹下健三設計，當時萬博的主題是「人類的進步和協調」，參展者向世界各國展現文化、科技、產業發展對日常生活影響力的國際交流平台，此次也是日本首次主辦世界博覽會，總計有77個國家、4個國際組織參加，進場人數多達6421萬8770人次。

**萬博紀念公園小檔案**

日本萬國博覽會日舉辦日期：
1970年3月15日~9月13日
開園日期：1972年3月15日
園區建築師：丹下健三
太陽の塔設計師：岡本太郎

# Do YOU KnoW

## 2025年萬國博覽會主辦國——日本

時隔48年，日本再度申請2025年萬國博覽會(世界博覽會)的主辦權，象徵著日本戰後復興的1970大阪萬博會，在日本人心中有著不同的精神意義，打敗同樣競爭萬博會主辦國的俄羅斯、巴庫，獲得主辦權，再次成功複製50年前的萬博美夢，令人期待。

怎麼玩
萬博紀念公園
才聰明？

遊園火車「森のトレイン」

園區占地寬廣，景點及設施眾多，徒步的話也要2~3小時，不想這麼累的話可以選擇搭乘園區火車，從中央口出發繞行自然文化園一圈(運行路線：中央口→お祭り広場→だんご坂・北口前→西大路広場→ソラード前→お祭り広場→中央口)，沿途風光盡收眼底。

大阪モノレール(大阪單軌電車)【万博記念公園駅】
大阪モノレール(大阪單軌電車)【公園東口駅】

**1970年的萬博會榮景**
想要更瞭解萬國博覽會當年對日本的影響，可以從影視作品開始，像是漫畫及電影《20世紀少年》、日劇《華麗一族》、晨間劇《童裝小姐》等，都能看到日本全國為實現萬博會夢想而全民動起來的模樣。

**至少預留時間**
參觀萬博紀念公園：2~3時
EXPOCITY逛街：2時

公園內的太陽の塔，象徵著1970年大阪萬博會的精神，同樣承載著日本歷史記憶，至今仍是來到大阪必到景點之一。

万博公園総合案内所06-6877-7387
吹田市千里万博公園1-1
9:30~17:00(入園至16:30)；太陽の塔內部公開(預約制)10:00~17:00
週三(遇假日順延翌日休，4/1~黃金週和10/1~11/30無休)、年末年始
自然文化園・日本庭園共通券成人¥260、國中小學生¥80；太陽の塔入館・自然文化園・日本庭園共通券成人¥930，國中小學生¥380；太陽の塔入館成人¥720，國中小學生¥310
www.expo70-park.jp
太陽の塔館需事先預約，最晚於前一日前上網預約

# 超過三百公頃的萬博紀念公園要從何逛起呢？
## ——為你揭曉哪些是必看景點！

悠閒漫步在閒靜雅緻的步道，獨享片刻與大自然的對話時光。

**info**

📍万博公園総合案内所06-6877-7387　🕐9:30~17:00(入園至16:30)　📅週三(遇假日順延翌日休，4/1~黃金週和10/1~11/30無休)、年末年始　💰自然文化園・日本庭園共通券成人￥260，國中小學生￥80；太陽の塔入館・自然文化園・日本庭園共通券成人￥930，國中小學生￥380

　　日本庭園區將日本造園技術發揮得淋漓盡致，沿著西向東流的潺潺流水，可以欣賞到古代到中世紀到近代和現代的4個造園樣式的變遷，也象徵人類不斷在進步中。

**日本庭園**

👁 **洲浜**

泉水圍繞的中洲是12~16中世紀鎌倉和室町時代常見的枯山水庭院造景，以細砂碎石來代表水，石塊表示山，抽象的庭院造景，似真似假，卻與周遭風光融為一體。

👁 **千里庵**

千里庵外觀仿禪院的方丈(本堂)建造，外圍則以古老寺廟的建構模式為範本，前方枯山水庭院運用細砂和碎石子畫上水波紋，來替代水的漣漪或水流動貌，數量不一的石塊，則代表山或是小島的意象。
☎ 06-4864-9155　🕐呈茶花季週六日例假日不固定營業(詳見官網)　📅週三(遇假日順延，櫻花季無休)　💰和菓子附薄茶組合￥700　🌐www.expo70-park.jp/facility/watchlearn/japanese-garden-02/

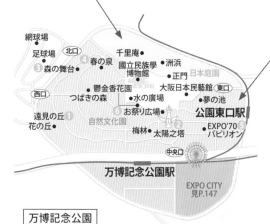

網球場
足球場　北口
❸ 森の舞台　❹ 春の泉　千里庵
國立民族學博物館　洲浜
正門　日本庭園
鬱金香花園　大阪日本藝術館　東口
西口　つばきの森　水の廣場
❻ お祭り広場　夢の池
遠見の丘 ❶　自然文化園　公園東口駅
花の丘　EXPO'70 パビリオン ❺
梅林　太陽之塔 ❷
中央口

万博記念公園駅

EXPO CITY
見P.147

万博記念公園

大阪：万博記念公園

info

📍9:30~17:00(入園至16:30)；太陽の塔內部公開(預約制)10:00~17:00 ❌週三(遇假日順延翌日休，4/1~黃金週和10/1~11/30無休)、年末年始 💰自然文化園・日本庭園共通券成人¥260，國中小學生¥80；太陽の塔入館・自然文化園・日本庭園共通券成人¥930，國中小學生¥380；太陽の塔入館成人¥720，國中小學生¥310

**自然文化園**

自然文化園以岡本太郎所設計建造的博覽會地標太陽の塔為中心，西側是蓊蓊鬱鬱的森林步道，東側則是寬敞開闊的綠草坪，四季交替各有風情，春季櫻吹雪，夏季五彩繽紛的鬱金香花海，秋季楓紅葉落，冬季靄靄白雪的銀白世界。

誰是岡本太郎？

岡本太郎(1911-1996)受到畢卡索影響，創造出抽象意像的畫作和立體藝術品，代表作『傷ましき腕』(油彩、1936年，因戰火中燒毀，1949年再重新製作)、『明日の神話』(油彩、1968年)、太陽の塔(鋼筋混凝土藝術品、1970年)。有興趣的朋友，可以造訪位於神奈川縣川崎市的岡本太郎美術館和東京都港區南青山的岡本太郎紀念館參觀。

# Do YOU KnoW

## 太陽の塔 和漫畫《20世紀少年》也有關係

太陽の塔也是浦沢直樹《20世紀少年》漫畫迷的朝聖地。2009年，改編浦沢直樹《20世紀少年》漫畫原作的電影《20世紀少年：第2章 最後的希望》在日本上映前夕，曾耗資8千萬日幣實地改造太陽の塔，成為一日限定版的「ともだちの塔(朋友之塔)」，象徵「友民黨」以及「朋友」手比著食指的眼睛標誌出現在塔的頂端和腹部。

## 👁 1  遠見の丘

木棧建築的五層高瞭望台，瞭望台上也有觀察自然生態的特殊設施，像是森林集音器，可以聆聽到大自然的蟲鳴鳥叫聲，風吹動葉子沙沙作響的聲音，以及森林萬花筒利用三面鏡反射出變化萬千的森林景色，還有日晷儀，依照自己的影子位置就可得知季節變化。體力不錯的人還可以走一趟高約3~10公尺，長約300公尺的ソラード(森の空中観察路)，欣賞沿途的自然景觀，就近觀察動植物生態。

千萬不要怕辛苦，努力爬到最上層，登高望遠將風光盡收眼底，還可以看到太陽の塔喔！

2018年10月，開放太陽の塔內部參觀。(需事先預約，最晚於前一日前至官網預約)

## 👁 2  太陽の塔

萬國博覽會的地標「太陽の塔」，宛如守護神般地矗立在園區內，這是由藝術家岡本太郎設計，塔高70公尺，基底部直徑20公尺，臂長25公尺。太陽の塔有三個太陽臉，分別為位在正面腹部，代表現在的「太陽の顏」，與位於頂端，代表未來的「黃金の顏」，黃金太陽金光閃閃色澤，存在感十足，以及位在背後，代表過去的「黑い太陽」。

 **3 森の舞台**

森の舞台是夏威夷展館的舊址，有個直徑42公尺圓形舞台，由十二支代表動物的鞍馬岩石所組成，從北邊順時針方向依序是子(鼠)、丑(牛)、寅(虎)、卯(兔)、辰(龍)、巳(蛇)、午(馬)、未(羊)、申(猴)、酉(雞)、戌(狗)、亥(豬)，舞台旁有個三角山是絕佳的觀賞席，可以一次將12隻動物岩石形體盡收眼底，大家可以仔細看看到底像不像囉！

這裡是萬博紀念公園循環水系統的起點，創意設計非常有趣，就像個小型遊樂場。

 **4 春の泉**

有別於一路上的森林草原風光，春的泉潺潺流水流過，高低起伏、層層相疊的圓弧狀的石堡疊，宛如一座小型石迷宮，一個轉彎，走上一個又一個的石堡疊，處處是風景，石堡疊內的圓形小花圃，又是別有一番風情。

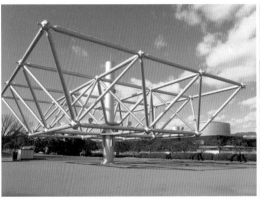

 **5 EXPO'70パビリオン**

EXPO'70パビリオン是當年萬國博覽會的鋼鐵館舊址改建而成的展覽館，兩層樓的展區，1樓分兩區，分別是舊鋼鐵館展示的作品區和放映室「多目的室」，放映室只於週六、日和國定假日開放，2樓為圓形迴廊的常設展展覽室，14小區的主題，以熱情如火的正紅色為基底背景貫穿全展場，彷彿走入時光隧道，重現現場體驗當時風光熱鬧的盛會。太陽的塔的主題館裡面有還原當時以太陽的塔為中心被大屋頂包圍的會場模型，也有展出位於太陽塔內的生命之樹，針對各國參展館的資料也有完整介紹，台灣當時也有參與，也成為台灣最後一次以中華民國國名參展的萬博。

🔽10:00~17:00(入館至16:30) ⏰12/28~1/1、週三(遇假日順延翌日休)，4/1~黃金週和10/1~11/30無休)、年末年始(12/28~1/1) 💲高中以上¥210，國中生以下免費 🌐www.expo70-park.jp/facility/watchlearn/other-07/

由藝術家岡本太郎所設計的紅、藍、黃、綠、黑五色的手掌型椅子，也保存於館內。

年台灣以中華民國國名參展。館內仍保存參加各國資料，當

 **6 お祭り広場**

在萬博當時太陽の塔是被日本建築師丹下健三所設計的大片玻璃製屋頂的大屋根所包圍著，萬博結束後，1979年被拆除，現今只保存一部分的大屋根以茲紀念，近距離觀察太陽の塔，如此壯觀、雄偉的建築，讓人不禁肅然起敬，就可想像當時萬博熱鬧非凡的情景。

大阪：万博記念公園

## 順遊景點

# 逛完紀念公園，一旁還有日本最大的複合設施 EXPOCITY，裡頭又有哪些好玩的地方呢？

**EXPOCITY** MAP P.144

如何前往

大阪モノレール万博記念公園駅徒步2分

☎06-6170-5590 ○吹田市千里万博公園2-1

⏱依施設而異 🌐www.expocity-mf.com

　日本最大的兼具寓教於樂的複合式設施EXPOCITY於2015年11月甫開幕，是由日本三井不動產公司所投資，集結百貨ららぽーとEXPOCITY，以及大型娛樂設施，包含NIFREL、ANIPO、VS PARK、REDEE等，區內還有2016年7月開始營運的日本最大摩天輪OSAKA WHEEL，與太陽之塔遙遙相望，美景盡收眼底。

## NIFREL

海遊館製作出品的NIFREL，超越水族館、動物園、美術館舊有刻板印象的設計，誕生出全新型態結合藝術的生物館，透過空間、照明、影像、音樂傳達的空間展示區，與生物接觸產生的共鳴，喚醒深層的感動與驚奇，來場精彩的感官饗宴。

☎0570-022060 ○Entertainment Zone(エンタメゾーン)1F ⏱10:00~20:00(入場至19:00)，依季節而異(詳見官網) ⊕高中生、16歲以上¥2000，國中小學生¥1000，3歲以上¥600，2歲以下免費 🌐www.nifrel.jp/index.html

## ANIPO

戶外小型遊樂園，提供小小朋友歡笑的園地，每個設施皆須先至購票機購票才能入場，遊樂設施共有4項：空中飛翔腳踏車、魔法水槍、小火車、空中城堡跳跳床，全部設施都走迷你版路線，小巧又不失樂趣。

☎080-8516-8037 ○Entertainment Zone(エンタメゾーン)1F ⏱10:00~20:00(售票至19:50) ⊕空中飛翔腳踏車、魔法水槍、空中城堡跳跳床¥400，小火車¥300

位在1樓的Calbee+，可以品嚐現炸洋芋片，還有眾多周邊商品！

## LaLaport EXPOCITY ららぽーとEXPOCITY

三層樓進駐三百多家店舖的購物中心LaLaport EXPOCITY，獨到之處，關西初出店有47家店舖，品牌以新型態店舖經營方式設櫃，擁有獨立的美食街EXPO KITCHEN集結16間餐廳，提供各式料理任君選擇。

☎06-6170-5590 ○EXPOCITY內 ⊕購物、咖啡廳、餐廳10:00~20:00(週六日例假日至21:00)，1、2F EXPO KITCHEN11:00~21:00(週六日例假日至22:00) 🌐mitsui-shopping-park.com/lalaport/expocity/

大阪：万博記念公園

來神戶必遊景點，異國風情街道即是神戶的全貌，從特色異人館感受渡日洋人對家鄉的思念與懷舊

神戶：北野異人館

北野異人館是明治時代神戶開港後，歐洲人在北野山坡的領事館或居住的家，因是沿著山坡建築，異人館區都是坡道與階梯，建議挑選一雙好走的鞋子前往。

👁 MAP P.151

## 北野異人館
きたのいじんかん／Kitano Ijinkan

對於第一次到神戶的外地人來說，坐落於北野一棟棟的歐式房舍「異人館」，便是神戶的面貌，也是到神戶絕對要造訪的景點。「異人」指的是外國人之意，而充滿西洋外國風情的房舍，就稱為「異人館」。明治時代神戶開港後，歐洲人在北野山坡的領事館或居住的家，多建造成接近故鄉風格的洋館，保留至今開放供大眾參觀。除了遊覽異人館外，還可在北野工房之町中體驗DIY的樂趣，或是坐神戶夢飛船纜車上山，前往布引香草花園賞花，感受北野多樣的風情魅力。

### 造訪北野異人館理由
1. 在典雅異國建築裡拍美照、打打卡
2. 悠閒漫步小區吃洋食與洋菓子
3. 與三宮、元町串聯一整天的市區行程

藉由洋風建築與街道，不僅可以見到西洋建築初入日本的華麗面貌，與新潮的交錯氣氛。還能前往拜訪這份懷舊。

**電車**
JR神戶線【三ノ宮駅】
神戶市地下鐵西神線、山手線【三宮駅】
神戶市地下鐵海岸線【三宮・花時計前駅】
阪急電鐵阪急神戶線【三宮駅】
阪神電鐵阪神本線道【三宮駅】
神戶高速鐵道東西【三宮駅】
神戶新交通ポートライナー(PORT LINER)【三宮駅】
JR新幹線【新神戶駅】
神戶市地下鐵山手線【新神戶駅】
**巴士**
搭乘City Loop觀光巴士(北行)【北野異人館】巴士站下車即達

**至少預留時間**
逛逛北野異人館：3小時
三宮+元町周邊逛街：2~3小時

在荷蘭館還能體驗製作屬於自己的香水，跟著工作人員一步步調製出專屬你的香調吧！

**怎麼玩北野異人館才聰明？**

**從新神戶駅出發吧**

異人館一帶因是建築於山坡上，路途多坡及階梯，若搭乘新幹線來到神戶，從新神戶駅徒步至異人館更是方便。徒步約10分即可達北野美術館一帶，且一路下坡路不難走。

**異人館共通券**

🔗 www.ijinkan.net/ticket
異人館共通券可有多種組合，請視自己時間與需求選擇。如果時間不多，建議可以挑選重點館參觀，其他館則看看外觀即可。
**7館共通券￥3000**：うろこ美術館(魚鱗美術館)・うろこの家(魚鱗之家)、山手八番館、北野外国人倶楽部、坂の上の異人館(旧中国領事館)、英国館、洋館長屋(仏蘭西館)、ベンの家(班之家)。
**3館共通券￥1400**：香りの家オランダ館(香之家荷蘭館)、ウィーン・オーストリアの家(維也納・奧地利之家)、デンマーク館(丹麥館)。
**2館共通券￥650**：風見鶏の館、萌黄の館。

## Do YOU KnoW

### 神戶洋菓子超有名

1867年神戶開港，國外商船得以停靠進行商業貿易，就此打開日本美食文化新的一頁。根據文獻記載，到20世紀初，神戶居住的外國人多達1500人，而供應這些人日常飲食的洋式餐廳也五花八門。專門製作洋式甜點的洋菓子屋也是全國第一。英、法等國的師傅們，製造許多新奇的洋式甜點，而在居留地餐館麵包屋工作的日本人也漸漸習得技術，從此日本開啟以麵包為基礎的洋菓子歷史。

# 必看景點

## 北野異人館有哪些特色建築呢？
## 一起來場在神戶的環遊世界之旅吧！

 **1 風見鶏の館**

這棟紅磚建築是1909年德國的貿易商湯瑪斯建造的家，除了尖尖屋頂上的風見雞，2樓一個有著龍椅與八角窗的書房，都是很值得注意的設計。值得一提的是，當年住在兒童房的湯瑪斯先生的女兒，在風見鶏の館開放參觀後曾由德國前來一遊，她當時的留影紀念照片展示在兒童房內，喜歡西洋古典的人可以進館參觀。

☎078-242-3223　♞中央區北野町3-13-3　◷9:00~18:00(入館至17:45)　♨2、6月第1個週二(遇假日順延翌日休)　⑤¥500，高中生以下免費；2館券(風見鶏の館・萌黄の館)¥650　♺www.kobe-kazamidori.com

風見鶏の館屋頂上的風向雞已成了北野異人館的標誌。

## 2 萌黄の館

萌黄の館於1903年建造時是美國總領事的官邸，1944年之後成為當時神戶電鐵社長小林秀雄的自宅。屋內雕琢精緻的壁爐及牆壁上紋飾，總是輕灑著陽光綠意的二樓陽台，視野極佳，讓人更能領受老屋魅力。

☎078-222-3310　♞中央區北野町3-10-11　◷9:00~18:00(入館至17:45)　♨2月第3個週三、四　⑤¥400，高中以下免費；2館券(萌黄の館・風見鶏の館)¥650　♺www.feel-kobe.jp/facilities/0000000042/

萌黄の館就坐落在風見鶏の館一旁。

英國館還有免費的服裝免費租借的服務。

## 3 英国館

1907年由英國設計師建造的英國館，最初曾作為醫院，館內擺設維多利亞時代的家具和裝飾，昔日英國人的生活可以從中略知一二。

☎0120-888-581　♞中央區北野町2-3-16　◷9:30~18:00(10~3月至17:00)　⑤國中生以上¥750，小學生以下¥100　♺kobe-ijinkan.net

## 4 香之家・荷蘭館
**香りの家・オランダ館**

香之家荷蘭館的前身是荷蘭的領事邸，館內還留有一台有200年歷史的腳踏風琴，以及古典的餐桌、掛燈、床鋪等裝飾。館內除了販賣工藝品，還有個人專屬香水調製體驗。此外還有荷蘭姑娘變身體驗，只要¥1000就可以穿戴全套荷蘭民族衣裳，足蹬荷蘭木屐在院子裡拍照！

☎078-261-3330　♞中央區北野町2-15-10　◷9:00~18:00(1~2月至17:00)　⑤大人¥700，國高中生¥500，小學生¥300　♺www.orandakan.shop-site.jp

神戶：北野異人館

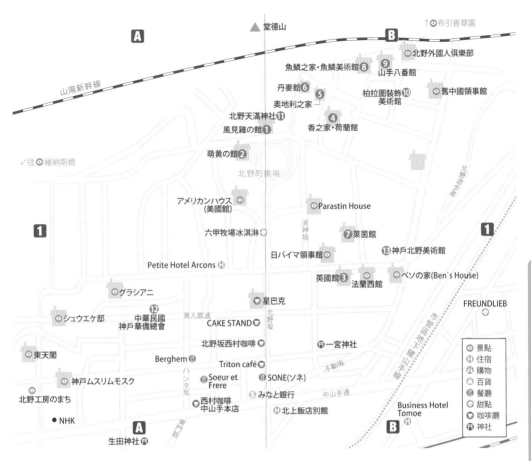

▲堂德山

↑布引香草園

**A**　　　**B**

北野外國人俱樂部

魚鱗之家‧魚鱗美術館⑧　山手八番館⑨

丹麥館⑥　　　　　　柏拉圖裝飾美術館⑩　舊中國領事館

奧地利之家⑤

北野天滿神社⑪

風見雞の館❶　　香之家‧荷蘭館④

萌黄の館❷

山陽新幹線

↙往維納斯橋

北野町廣場

アメリカンハウス(美國館)　　Parastin House

六甲牧場冰淇淋　　　　　　萊茵館⑦

**1**　　日バイマ領事館　　　　神戶北野美術館⑬　　**1**

Petite Hotel Arcons Ⓗ

英國館③　法蘭西館　ベソの家(Ben`s House)

グラシアニ　　　　　　　　　　FREUNDLIEB

シュウエケ邸　中華民國⑫　星巴克
　　　　　神戶華僑總會

CAKE STAND

北野坂西村咖啡

東天閣　　　Berghem Ⓗ　Triton café

神戶ムスリムモスク　Soeur et Frere　SONE(ソネ)

北野工房のまち　　　西村咖啡　　みなと銀行　　　　Business Hotel Tomoe Ⓗ
　　　　　　　　　中山手本店

NHK　　　　　　　　北上飯店別館

**A**　　　**B**

生田神社

| | |
|---|---|
| ◎ | 景點 |
| Ⓗ | 住宿 |
| ⑪ | 購物 |
| ◉ | 百貨 |
| ⒪ | 餐廳 |
| ◌ | 甜點 |
| ◎ | 咖啡廳 |
| ⊕ | 神社 |

◉ ⑤ **維也納‧奧地利之家**
**ウィーン‧オーストリアの家**

奧地利是音樂神童莫札特的故鄉,奧地利之家展示有寄贈自莫札特博物館的樂譜、肖像畫、鋼琴,以及許多與莫札特相關的用品,可以感受到奧地利優雅又華麗的風情。
☎ 078-261-3466　♠ 中央區北野町2-15-18　⊙
9:00~18:00(1~2月至17:00)　⑤成人¥500,小學生¥300　⑬
www.orandakan.shop-site.jp

◉ ⑥ **丹麥館**
**デンマーク館**

丹麥館的一樓擺放著一艘實寸的1/2大小的維京海盜船,將丹麥氛圍帶到千萬里之遠的日本神戶。由於丹麥是童話之父安徒生的故鄉,在館內的書房內能一窺人魚公主、醜小鴨、賣火柴的小女孩、國王的新衣等作品。
☎ 078-261-3591　♠ 中央區北野町2-15-12　⊙
9:00~18:00(1~2月至17:00)　⑤成人¥500,小學生¥300　⑬
www.orandakan.shop-site.jp

### 7 萊茵館
### ラインの館

建造於1915年的萊茵館是一棟溫暖黃色系的木造建築，為明治時代最受歡迎的樣式，還有一個小庭園，如今1樓為休息室並販賣神戶特產，2樓則為展示室，展出阪神大地震的相關資料，免費開放給遊客們參觀昔日的異人生活。

☎ 078-222-3403 　○ 中央區北野町2-10-24 ◉
9:00~18:00(入館至17:45) ◈ 2、6月第3個週四(遇假日順延翌日休) ⑤ 自由參觀 ⓦ www.kobe-kazamidori.com

### 9 山手八番館

從外觀就和北野其他異人館相當不同，位於魚鱗之家旁的山手八番館採用都鐸樣式設計，空間可見的彩繪玻璃與塔狀為最大特徵。館內展示近代雕刻之父羅丹、Bourdell等人的作品，還有非洲的目標等部落藝術品，此外尚可欣賞巴洛克時代的畫家、義大利版畫，可稱上是歐洲藝術寶庫。

☎ 0120-888-581 　○ 中央區北野町2-20-7 ◉
9:30~18:00(10~3月至17:00) ⑤ 國中生以上¥550，小學生以下¥100 ⓦ kobe-ijinkan.net

### 8 魚鱗之家・魚鱗美術館
### うろこの家・うろこ美術館

魚鱗之家是舊居留地的外國人租屋，在明治後期才搬移到北野的高台上，除了特殊的外觀，館內保存著精緻華美感的西洋古董家具，以及名家瓷器。魚鱗之家旁還有一間迷你美術館，收藏眾多名畫，讓參觀魚鱗之家的民眾也一起品鑑畫作。

閃耀著淺綠色光澤的鱗狀外壁，夏季翠綠的藤蔓如綠網纏繞而上。

☎ 0120-888-581 　○ 中央區北野町2-20-4
9:30~18:00(10~3月至17:00) ⑤ 國中生以上¥1050，小學生以下¥200 ⓦ kobe-ijinkan.net/

中庭裡蹲坐著一隻像貌極富藝術感的山豬，成為魚鱗之家特色。

### 10 柏拉圖裝飾美術館(義大利館)
### プラトン裝飾美術館(イタリア館)

柏拉圖裝飾美術館又名為義大利館，琳瑯滿目的收藏多數是主人夫婦在歐洲旅行時帶回來的藝術作品，其中以義大利作品為主，包括餐廳、寢室、化妝室，全都洋溢濃厚的義大利風。

☎ 078-271-3346 　○ 中央區北野町1-6-15 ◉ 10:00~17:00
◈ 週二、年末年始 ⑤ ¥800

## ⛩ 11 北野天滿神社

異人館這一塊區域之所以會被稱為「北野」，就是因為這位在風見雞的館右邊的北野天滿神社。北野天滿神社祭祀學問之神菅原道真，對於合格、必勝祈願十分靈驗。

📞 078-221-2139　🏠 中央區北野町3-12　🕐 7:30~17:00
💰 自由參拜　🌐 www.kobe-kitano.net

莊嚴的神社氛圍與異人館的西洋風情大不相同。

神社旁高台能遠眺神戶港口景色，以及風見雞の館的屋頂。

神戶絕美夜景「維娜斯橋」(ヴィーナスブリッジ)
神戶夜景有日本三大夜景之稱，由於位處港灣地區，也讓神戶夜景被稱為是千萬美金價值的夜景遺產。維娜斯橋是1971年完工，可以觀賞夜景的螺旋橋樑，由於旁邊廣場有許多象徵戀人永恆的戀人鎖，因此以希臘愛神維納斯命名。

## 👁 12 中華民國神戶華僑總會

大家遊逛異人館時，往往醉心於優美的西洋建築風情之中，鮮少有人會注意到，在北野的左側還有一棟中華民國神戶華僑總會的舊址。建於明治42年(1909)的中華民國神戶華僑總會，大大的白木牆與綠色窗框是最大特色。

🏠 中央區北野町4-2-1　⛔ 內部不開放參觀

雖然內部不開放參觀，喜歡歷史巡禮的人也是能來朝聖。

北野美術館綠蔭扶疏，美得像樹林中的小屋。

## ✏ 13 神戶北野美術館

建於明治31年(1898)，原址為White House(舊美國領事館)的北野美術館，有「白色異人館」之美稱。館內的展出皆與神戶、北野相關，而且關於展覽的周邊產品，例如明信片等也都只有在這裡才買得到。

📞 078-251-0581　🏠 中央區北野町2-9-6　🕐 9:30~17:30(入館至17:00)　🚫 第3個週二、不定休(詳見官網)　💰 國中生以上¥500，小學生¥300　🌐 www.kitano-museum.com　❗目前因耐震工事暫時休館中

## 用餐選擇

# 在浪漫建築中的異人館區用餐，或是重回市區範圍，來到三宮附近覓食兼逛街～

北野坂西村咖啡
北野坂にしむら珈琲店

洋食餐廳

 中央區山本通2-1-20

大名鼎鼎的西村咖啡在離本店這麼近的北野坂上開設分店，就是因為其風格與本店大不相同。位在中山手通的本店主打當地客層，提供當地人舒適的咖啡環境。而北野坂店則是從店門口就充滿濃濃洋風，不只有咖啡，還提供午、晚間套餐，希望客人能在紅瓦洋房中優雅且自在地度過用餐時光。

北野坂西村咖啡

**午餐 ¥3000起**

推薦菜

📍P.151A1 🚃JR三ノ宮駅徒步10分 ☎078-242-2467 🕐1F Café 10:00~22:00，2F餐廳11:00~14:30(L.O.)、17:00~20:30(L.O.)
🌐www.kobe-nishimura.jp

星巴克 神戶北野異人館店
星巴克到處都有，但在北野坂上的星巴克，屋內的挑高建築與英式擺設，充份展現北野異人館的西洋風情。館內分為兩層樓，最推薦坐在2樓，比起1樓的人來人往，更有時光倒流至明治初年的洋風懷舊感。

神戶：北野異人館

まきの定食
(招牌定食:7品)
¥1089
推薦菜

長田タンク筋

炒麵飯

🏠 中央區三宮町1-8-1 SAN PLAZA B1F

神戸的長田地區早期有「大阪燒分布最密集的地方」之稱,想當然爾,這裡也就成為大阪燒、炒麵的激戰區了。長田タンク筋以炒麵與炒麵飯聞名,最特別的是微辣微甜卻互不搶味的基底醬汁,加上長田的特色牛スジぼっかけ(滷牛筋),讓庶民料理更添高級的口感與視覺享受。

🅿P.154B1 🚃JR三ノ宮駅西口、各線三宮駅徒步5分 ☎078-962-6868 🕚11:00~22:00(L.O.21:30) 🈺不定休(12月外週二休居多,詳見官網) 🔗www.kobe1te2.com/tank

まきの センタープラザ店

人氣天婦羅

🏠 中央區三宮町1-9-1 CENTER PLAZA B1F

無論何時經過,白色的暖簾前總是排著人龍,這裡可是天婦羅的著名店,有別於一次全上的炸物定食,まきの堅持將現炸的美味呈現客人桌上,點餐後才將季節食材下鍋油炸,能品嚐到最鮮脆的炸物。這裡採白飯、味噌湯與醬菜吃到飽,大食量絕對吃得超滿足。

🅿P.154B1 🚃JR三ノ宮駅西口、各線三宮駅徒步5分 ☎078-335-1427 🕚11:00~21:00(L.O.20:30) 🔗www.toridoll.com/shop/makino/

長田タンク筋
豚そばめし
(豬肉炒麵飯)
¥750
推薦菜

FREUNDLIEB 生田店

甜點下午茶

🏠 中央區生田町4-6-15

FREUNDLIEB在神戸可是無人不知無人不曉的名店,1樓的烘焙坊賣的甜點餅乾也是神戸人外出訪友的最佳伴手禮。位在舊教堂裡的店面維持典雅風格,天天供應美味的麵包、三明治,以及手工餅乾。2樓寬闊教堂尖頂下擺上幾張桌椅成為咖啡空間,美麗的室內景緻與美味餐點吸引許多人前來聊天用餐。

FREUNDLIEB
季節の
ケーキ・タルト
(季節蛋糕、塔)
¥660起
推薦菜

🅿P.154B1 🚃JR三ノ宮駅北口、各線三宮駅徒步13分 ☎078-231-6051 🕚賣店、Café 10:00~18:00(L.O.17:30) 🈺週三(遇假日順延翌日休) 🔗freundlieb.jp

# 串·聯·行·程 元町·旧居留地

最精華薈萃的元町商店街有歷史悠久的洋菓子老舖，或傳出陣陣香氣的炸可樂餅肉店，每到假日總能引來人潮；有最具歐洲情調的舊居留地，從懷舊街道眺望神戶的港町暮色，彷彿來到歐洲，更能貼近有別日本其他地區的洋風情緒。

◎從三宮駅間逛過來元町地區可不需搭乘電車，徒步約10分即可抵達元町駅，沿途邊走邊逛、看著城市景色。
◎JR神戶線、阪神‧神戶高速鐵道阪神本線‧東西線至元町駅下車即達。
◎神戶市地下鐵海岸線至旧居留地‧大丸前駅、みなと元町駅周邊是洋風建築最集中的地區。

 **元町商店街** MAP P.154 A1

info
☎078-391-0831(元町商店街連合会)
◎中央區元町通1~6丁目
⊕依店舖而異
㊡依店舖而異
🌐www.kobe-motomachi.or.jp

從鯉川筋至神戶高速鐵道東西線的西元町駅間、東西向綿延長達2公里的商店街正是深受當地人喜愛的元町商店街，從百貨公司、名牌服飾、餐廳、書局、糕餅老舖、甜點店、生活雜貨、土特產紀念品店、藥妝店等應有盡有。

 **Motomachi Cake 元町本店** MAP P.163 A1

info
☎073-341-6983 ◎中央區元町通5-5-1 ⊕賣店9:30~18:30，Café至18:15 ㊡週三 ⑤ざくろ(石榴)¥270，いちごショート(草莓蛋糕)¥320 🌐motomachicake.com/

就能賣出上千個。最出名的ざくろ光一天

Motomachi Cake以元町為名，是受當地人歡迎的洋菓子店。為回饋在地民眾，洋菓子售價超級便宜，但別以為便宜就沒好貨，ざくろ雖然名為石榴，但它是以純蛋黃與三種鮮奶油製成的海綿蛋糕，因為裂開的表皮上有顆大草莓，看起來很像爆開的石榴而得名。

在地美味蛋糕，不只品嚐美味，也吃得到濃濃人情味。

可樂餅仍然新鮮現炸，即使燙手仍然建議立刻品嚐。

  **森谷商店 元町本店** MAP P.154 A1

info
☎078-391-4129 ◎中央區元町通1-7-2 ⊕肉舖10:00~20:00，炸物10:30~19:30 ⑤ミンチカツ(炸肉餅)¥150，コロッケ(可樂餅)¥100 🌐moriya-kobe.co.jp

創業於明治6年(1873)的森谷商店是神戶最自豪的神戶牛肉老店，美味無比的神戶牛肉雖然無法帶回國，但加入了正宗神戶牛肉製作的可樂餅或炸肉餅照樣讓這不起眼的肉店成為觀光客們的最愛。

## 南京町

**MAP P.154 A1**

info

🌐 www.nankinmachi.or.jp

南京町就是神戶的中華街，就像是香港的縮影般，以紅金兩色為基調的建築物，加上醒目的牌樓長安門，還有寫滿中國字的菜單，讓來自華語地區的觀光客格外熟悉。來到南京町，不用去跟日本人一道去排長龍等著吃廣東料理，光是路邊擠得滿滿的港式小吃攤就夠熱鬧了！

### KOBE LUMINARIE

發生於1995年1月17日清晨的阪神大地震，改變神戶市區的樣貌、卻也帶來新生。LUMINARIE一語來自義大利文，原意是「燈飾」，在黑夜中將近15萬盞燈火同時打亮，寓含為震災犧牲者鎮魂、也昭示著賜予倖存者對生命的感動與勇氣，更帶來重生與復興的契機。

📞078-303-1010神戶觀光協會 📍旧居留地及東遊園地 🕐12／8～12／17（每年略有變）18:00~21:30，週五18:00~22:00，週六17:00~22:00，週日17:00~21:30 🎫自由參觀 🌐 www.kobe-luminarie.jp

## 神戶大丸

**MAP P.154 A1**

info

📞078-331-8121 📍中央區明石町40 🕐B2~1F10:00~20:00，2~10F、38番館購物11:00~20:00，9~10F餐廳11:00~21:00 🎌1/1 🌐 www.daimaru.co.jp/kobe ❗出示護照至1樓服務台可換領取5%off的優惠券

由村野藤吾設計的大丸百貨神戶店完成於昭和2年(1927)，流線的外型說明這是一棟現代主義建築，更是神戶的地標。

大丸在神戶並非只是一間百貨公司，更是神戶的地標。

---

## Do YOU KnoW

### 花時計

位於神戶市公所北方的花時計是三宮地區的重要地標，三宮·花時計前車站以此命名，以新鮮花卉與植物共同組成的時鐘直徑為6公尺，高2.25公尺，為1957年就完成的日本第一座花鐘，每年會有8~10次更換季節性的花朵植栽，讓遊客們能夠感受神戶的清新。

## TOOTH TOOTH maison 15th

**MAP P.154 B1**

info

📞078-332-1515 📍中央區浪花町15旧神戶居留地15番館 🕐11:00~22:00(L.O.20:00) 🎌不定休 💴TEA SET￥1944 🌐www.toothtooth.com/shoplist/s_maison15th/

建於1881年的15番館，以木骨結構和水泥磚牆造成，是明治時代的美國領事館。這是目前神戶市區內最古老的異人館，已成為國家指定的重要文化財，阪神大地震後重建改裝成咖啡館，由神戶當紅的菓子店TOOTH TOOTH進駐。

## 舊居留地38番館

**MAP P.154 A1**

info

📞078-333-2329 📍中央區明石町38 🕐購物10:00~20:00，餐飲11:00~20:00 🎌1/1

門上插著黑白格子旗，外觀有相當濃厚的懷舊氣氛的38番館同屬於大丸百貨，也是舊居留地的代表性地標。

建築內每層樓都有不同品牌及店家進駐。

白天的港區風光讓人心情舒暢，
夜晚則能欣賞神戶塔周邊繁燈點點的璀璨浪漫

王牌景點 ⑭

六甲山猶如一道翠屏般包圍著神戶港灣，山間清爽的空氣加上柔綠的植披，使六甲山成為神戶和大阪近郊的休閒勝地，夜景亦是神戶人的驕傲。

神戶：神戶港

MAP
P.163
B1

# 神戶港

こうべこう／Kobe Port

從地圖上可以很容易看出，神戶屬於東西向地形的長型都市，山與海之間相當接近，為了爭取更多土地，不斷填海增地，如今已完成六甲アイランド與機場建設的ポートアイランド等人工島。而最受神戶人喜愛的就屬ハーバーランド(Harbor land)，也就是神戶港區。從購物商場、美食餐廳、遊樂園、飯店、博物館、地標塔等玩樂遊憩設施一應俱全，碧海藍天的優雅風景中只見船隻點點，港邊的建築物也配合海洋意象，充分展現海港城市的開放感與自由氣息。

神戶海景地標，登上最高點將神戶市區景色盡收眼底。

MOSAIC有座超高的摩天輪，約50公尺的高度能遠眺神戶港灣美景：一趟摩天輪約10分鐘，是超人氣約會熱點！

**神戶港海上煙火大會**
屬於神戶的夏之風物語「神戶港海上煙火大會」，每年8月神戶港會升起1萬發煙花，照亮整座海港，成為兵庫必看煙火慶典。提早預約遊覽船，在海上享用晚餐，欣賞花火，更是別有一番風情。

**造訪神戸港理由**

**1** 神戸百萬夜景**盡收眼底**

**2** 享受悠閒海灣氣息，漫步藝術街道

**3** 周邊購物、遊玩景點也超精彩

## 怎麼玩神戶港才聰明？

### 美利堅公園神戶夜景

神戶港灣最重要的景點美利堅公園(Meriken Park)與Umie MOSAIC相對，如果想拍出美麗的神戶夜景，從Umie MOSAIC往神戶港塔方向拍是頗適合的角度，可一並將神戶港塔與白色的海洋博物館納入鏡頭內。

### 與三宮、元町串聯

從元町向榮町方向走，再南邊就是美利堅公園，離神戶塔很近，走路約10分鐘能到。不怕走路的人可以把三宮→元町→神戶塔→MOSAIC當作散步路徑，一天下來這樣就很充實了。

位在神戶港邊的麵包超人博物館，更是大人小孩都能歡樂遊玩的開心園地，一起沉浸在色彩繽紛的氣氛之中。

**至少預留時間**
神戶塔參觀：30分~2小時
神戶Harbor land逛逛：2~4小時
周邊+榮町逛街：1~2小時

JR神戶線【神戶駅】
神戶市地下鐵海岸線【ハーバーランド駅】
神戶市地下鐵海岸線【みなと元町駅】
神戶高速鐵道東西線【高速神戶駅】

## Do YOU KnoW

### 神戶人用「上山下海」告訴你方位？

神戶位於兵庫縣境內，而兵庫則正好在日本國土正中央的位置，緊鄰著瀨戶內海與淡路島，和四國相望。以神戶的地形北邊為六甲山，南方則是瀨戶內海，有一說是如在當地問路，當地人不會告訴你往南或北走，而會以「往山那邊」(代表往北)或「往海這邊」(代表往南)，但外國人對於當地方位不那麼清楚，也實在聽得霧煞煞啊。

神戶港可分為美利堅公園、神戶港塔側，及Harbor Land側，在神戶港塔周邊有什麼必玩的呢？

夜晚點燈的神戶港塔，照亮整個神戶港。

神戶港塔上下寬闊、中央細窄的外觀造型靈感來自於日本傳統的「鼓」，展現優雅和風美學。

## 神戶港塔
### Kobe Port Tower

108公尺高的紅色神戶港塔在神戶港灣成為最耀眼的地標，展望台共分為五層樓，從望遠鏡中可眺望神戶全景，3樓還有360度旋轉賞景的咖啡廳，可以邊休息邊欣賞神戶港口的美景。

📍P.163B1 ☎078-391-6751 🏠中央區波止場町5-5 ⏰9:00~21:00(入館至20:30)，12~2月至19:00(入館至18:30) 💴高中生以上￥700，國中小學生￥300，與神戶海洋博物館共通券高中生以上￥1000，國中小學生￥400 🌐www.kobe-port-tower.com ⚠2021年9月~2023年進行整修工事，暫時不開放

## 神戶海洋博物館

海洋博物館白色網狀外觀，在藍天白雲下有如帆船般，一到夜晚，投射燈映照出淡藍色光芒的照明，變成另一種絢麗的色彩景觀。1987年開館，介紹神戶港的歷史、港口的建造技術並收藏船隻模型、2樓播放神戶港震災相關展示。

📍P.163B1 ☎078-327-8983 🏠中央區波止場町2-2 ⏰10:00~18:00(入館至17:30) 🚫週一(遇假日順延翌日休)、年末年始 💴神戶海洋博物館・カワサキワールド成人￥900，小學~高中生￥400 🌐www.kobe-maritime-museum.com

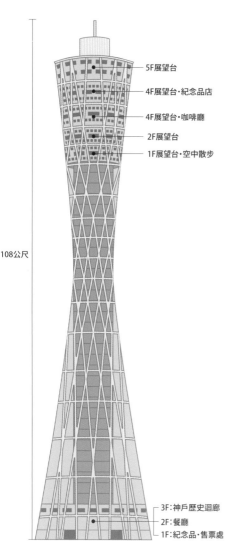

- 5F展望台
- 4F展望台・紀念品店
- 4F展望台・咖啡廳
- 2F展望台
- 1F展望台・空中散步

108公尺

- 3F:神戶歷史迴廊
- 2F:餐廳
- 1F:紀念品・售票處

## 美利堅公園
### メリケンパーク Meriken Park

メリケンパーク名稱指的是美利堅，也就是美國，公園裡有兩座主要建築物，分別是神戶海洋博物館和神戶塔。東側特別闢了一塊角落，成立一座記念阪神大地震的紀念公園，展示災害與復興的資料，並保存當時受災的遺跡，讓人記取教訓。

📍P.163B1 ⓖ中央區波止場町 ⓔ自由參觀 ⓔ自由參觀

## Do YOU KnoW
### 一起來「BE KOBE」打卡！

為記念阪神·淡路大地震20週年，由神戶市民發想的「BE KOBE」，氣勢磅礴地佇立在美利堅公園中，來到神戶港別忘了來與這座白色地標合影、打卡！

## ☕ 星巴客 美利堅公園店

作為神戶開港150年記念事業的一環，星巴客美利堅公園店在2017年4月開幕，規模為關西最大，總面積360平方公尺，也是第一處設立在公園內的星巴客。

📍P.163B1 ☎078-335-0557 ⓖ中央區波止場町2-4 ⓣ7:30~22:00 ⓗ不定休 ⓦwww.starbucks.co.jp/store/search/detail.php?id=1432

來此能喝到世界中大流行的一氛「氣咖啡」！

星巴客美利堅公園店建築本體以船為意象。

---

## 搭船巡遊神戶港

想要搭乘神戶港灣遊覽船，位於中央突堤中央ターミナル(碼頭)前有三家船隻屬於短程，可選擇長程遊覽船CONCERTO或是更大型的Luminous Kobe 2。

### ·CONCERTO

神戶港灣遊覽船「CONCERTO」，每日從午到晚帶旅客巡遊神戶港。船內提供各式套餐及吃到飽形式，更有鐵板燒美食可以選擇。午茶時段登船也不用怕肚子餓，有蛋糕、輕食可以選擇；最推薦在夜晚登船享用餐點，耀眼的岸邊燈火自眼前流轉，旁邊還有音樂樂悠揚流洩，氣氛十分浪漫。

ⓣランチクルーズ(午餐航班)12:00~14:00；ティークルーズ(午茶航班)14:30~16:00；トワイライトクルーズ(夕陽航班)4~9月17:15~19:00，10~3月16:30~18:15；ナイトクルーズ(夜晚航班)4~9月19:30~21:15，10~3月19:15~21:00 ⓢ依航班、餐點而異(詳見官網) ⓦthekobecruise.com/concerto/ ❶須在乘船前30分鐘完成報到

在航程中能看到MOSAIC的巨大摩天輪。

佇立在港邊的五星級飯店Oriental Hotel，船型外觀十分吸睛。

壯觀的紅色神戶大橋，超有氣勢！

從餐廳望向神戶港塔的視角。

### ·Luminous Kobe 2(ルミナス神戶2)

名為Luminous就是希望這艘船像是耀眼光芒一樣，Luminous神戶2是Luminous神戶的第二代，以1930年代法國的豪華郵輪諾曼地號為概念，並提供多種航程選擇。船隻會在靠近明石海峽大橋或通過明石大橋之後進行迴轉，可一覽魄力十足的壯觀橋樑。

ⓣランチクルーズ(午餐航班)12:30~15:00；ナイトクルーズ(夕陽航班)6~8月16:30~18:15(未通過明石海峽大橋)，9~5月至19:00；ディナークルーズ(夜晚航班)6~8月18:45~21:15，9~5月19:30~21:15(未通過明石海峽大橋) ⓢ乘船＋餐點國中生以上¥7700，小學生¥3300，3歲以上¥1650；乘船＋飲料吧國中生以上¥3850，小學生¥2480，3歲以上¥1100 ⓦthekobecruise.com/luminous/ ❶須在乘船前30分鐘完成報到

# Harbor Land附近有哪些絕不能錯過的景點呢?一一為你解密!

## 神戶ハーバランド
### Kobe Harbor Land

神戶港區擁有悠閒的海灣氣息,在造街計畫的進行之下擁有更多的藝術氛圍,懷舊風的瓦斯燈街最受情侶們歡迎,而Harbor Land廣場的清涼水景旁,更有一座大型的

情人橋樑,每到夜晚,掛上了1700顆燈泡的橋樑像是夜晚的主角,吸引無數情人來此談情說愛。

🔘P.163A1 🚇JR神戶駅、地下鐵ハーバーランド駅、高速神戶駅出站即達 📍中央區東川崎町1-6-1 ⏰自由入園 🌐www.harborland.co.jp

## Umie MOSAIC

MOSAIC是神戶港區中的必訪之地,漆色亮麗的木造建築與海港景色非常搭配,面海側有寬廣的露台,晚上可觀賞美麗的神戶港夜景,夏天則是欣賞

海上煙火秀的最佳角度。牆壁上有著鄉間風情的花草彩繪,接近百家的各式商店,琳瑯滿目。

🔘P.163A1 🚇JR神戶駅中央南口徒步6分,地下鐵ハーバーランド駅徒步8分 ☎078-382-7100 📍中央區東川崎町1-6-1 🛍購物10:00~20:00,餐廳11:00~22:00 🌐umie.jp

## 麵包超人博物館
### アンパンマンこどもミュージアム&モール

位在Umie MOSAIC一旁的麵包超人博物館,分為博物館與購物中心兩區域。園區內有以麵包超人家族為主題的遊樂區域,還有帶動唱的兒童區、動手體驗的工作教室等,不只玩樂更兼顧兒童教育。

🔘P.163A1 🚇JR神戶駅中央口徒步8分,地下鐵ハーバーランド駅徒步8分 ☎078-341-8855 📍中央區東川崎町1-6-2 🏛博物館、購物中心10:00~18:00(入館至17:00) 📅1/1、維護日、不定休 💰博物館依入館日期而異￥2000~2500,購物中心免費入場 🌐www.kobe-anpanman.jp

購物商場可以買到各個人物的周邊商品。

@アンパンマンこどもミュージアム&モール

## 神戶ハーバランド可以看看這些~

### 煉瓦倉庫
一長排紅磚屋保留百年前的外觀,每到夜晚各式餐廳與啤酒屋人聲沸騰,在復古舊倉庫裡喝啤酒,特別溫暖熱鬧。

### 蒼天の塔
曾獲得第7屆神戶具象雕刻大賞的作品,以高8公尺的巨型長頸鹿為造型,有一傳言是「戀人只要相約在此雕像前,愛情即會成真」。

### はね橋(はねっこ)
在Harbor Land廣場中央有座巨大的開合式橋墩,此設計常見於歐洲,在日本則是第一座;白天橋墩映著藍天,晚上點上1700顆燈泡,又是不同的港邊魅力。

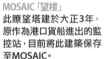
### Harbor Walk(ハーバーウォーク)
連接煉瓦倉庫及神戶港舊信號所的的木製步道。

### 神戶ガス燈通り
夜晚到來在Harbor Road上的110棵櫸木樹上掛滿燈泡,漫步樹下一起享受專屬黑夜的浪漫。

### MOSAIC「望楼」
此瞭望塔建於大正3年,原作為港口貨船進出的監控站,目前將此建築保存至MOSAIC。

### 神戶港旧信号所(旧新港第5突堤信号所)
Harbor Land的第一座塔,高度46.3公尺。原作為交通信號站,在1992年正式保存為寶貴建築,以傳達神戶港歷史。

### MOSAIC 摩天輪
將神戶景色360度收納眼底的最好方式,搭上有50公尺高的摩天輪,無論白天或夜晚都美麗。

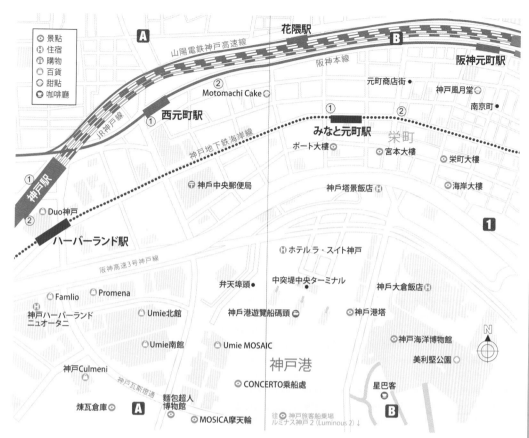

（◎P.163B1）

## 👉 喜歡復古懷舊的你別錯過這裡

### 栄町

榮町過去為神戶港的繁盛商業區域，小小的公寓內就擠入幾十家辦公室，如今，昔日的辦公室紛紛成了雜貨、服裝、藝廊等個性小舖，一起來趟舊大樓迷走之旅！(◎P.163B1)

**宮本大樓**
有著大大 I ♥ KOBE的宮本大樓，是榮町地區的指標性建築。

**榮町大樓**
位在街角的淡褐色的榮町大樓，是建於1940年代中期的鋼筋混凝土建築，進駐許多服飾店、家居用品店、咖啡館、藝廊和生活雜貨店。

只要看到扇田齒科的招牌代表已到達榮町大樓。

**海鷗大樓(カモメビル)**
建於1983年的海鷗大樓不算老舊，重新翻修後室內空間簡單，招來多家雜貨小舖入駐，且外觀加入藍色的海洋意象，給人清新的活力感。

入駐的每一家雜貨家具都充滿特色與獨到氣息。

**海岸大樓**
最能代表榮町港濱風情的建築之一，最初是貿易公司兼松商店本店所在地，1樓店舖略能看到兼松商店時期的樣貌。進駐的店家各有千秋，閒逛一下午都好玩！

全長3911公尺，全世界最長跨海大橋，
是神戶旅遊不可錯過的名景！

王牌景點 15

壯闊的明石海峽大橋震
憾人心，走在舞子海上步
道的「獨木橋」上更是步
步驚心。以不同視角看到
的青綠色大海，不僅新鮮
也十分刺激。

👁 MAP
P.168
B1

## 明石海峽大橋
あかしかいきょうおおはし／Akashi Kaikyo Ohashi

明石海峽大橋花費十年建造，途中遭遇阪神大震災，克服
重重困難於1998年通車，全長3911公尺，為連接淡路島與本州
的跨海大橋，也是目前世界上最長的吊橋式大橋，而橋的主
塔制高點離海面297公尺高，也是世界最高的。明石海峽大橋
完工後，將本州與淡路島串連起來，可以一路開車從明石經淡
路，連接鳴門大橋到四國，方便兩地的交通。明石海峽大橋另
有「珍珠大橋」的美稱，因為吊索的部分在夜裡亮起來的燈，
看來就像一條垂掛海上的珍珠項鍊。日落之後到23:00之間，
長串的燈光有28種花樣變幻。

### 造訪明石海峽大橋理由

1 淡路島連結本州的世界第一
長跨海大橋

2 體驗爬上大橋主塔，從制高
點感受海洋魄力

3 漫步海上步道，彷彿行走在
海中央

明石海峽全長3911公尺，是目前世界上最長的吊橋式大橋，橋的主塔離海面298公尺高，為世界第三。

怎麼玩
明石海峽大橋
才聰明？

**從明石開始串聯行程**

建議可以從明石開始，逛逛魚棚商店街，吃吃章魚燒的始祖「明石燒」，再搭電車到舞子親眼感受明石跨海大橋的巨大。逛完再沿著明石灘向東走，至三井OUTLET大撿便宜血拚一番。

**見識壯觀的大橋**

想要見識更完整的大橋景觀，可以從神戶港搭乘遊覽船，CONCERTO或Luminous Kobe 2，船隻會靠近明石海峽大橋或通過明石大橋之後進行迴轉，可一覽魄力十足的壯觀橋樑。(詳細介紹見P.161)

# Do YOU KnoW

## 為何要建造明石海峽大橋？

1945年12月9日，一般於岩屋港發船航向明石港的播淡連絡船嚴重超載，定員100人的汽船擠上了3倍的乘客，汽船出海後被狂浪打翻，造成304人死亡。這超慘劇使二戰前就出現的造橋呼聲愈來愈大，但礙於軍艦航權與施工技術而延宕。戰後這類事件頻出不窮，1955年宇高連絡船「紫雲丸」沉沒，168人死亡，其中包含校外旅行的學生，此時造橋的聲浪達到最高，在當時神戶市長、國會議員的奔走下，計畫終於成形。

1986年動工，1995年遭逢阪神大地震，雖無損橋體建築，但淡路島與本洲的地盤拉長了1公尺，後續施工全面更新補強，終於在1998年正式啟用通車，並創下施工過程中無人傷亡的完美紀錄。

### 至少預留時間
明石海峽大橋參觀：1~2小時
明石周邊商店逛逛：1小時
漫遊淡路島：半天

JR神戶線【舞子駅】
山陽電鐵山陽本線【舞子公園駅】
JR神戶線【明石駅】
山陽電鐵山陽本線【明石駅】

🔘 垂水區東舞子町2051
🔘 9:30~21:30
🔘 垂水IC至淡路IC汽車通行費¥2410

### 明石海峽大橋小檔案
開通日期：平成10年(1998)
暱稱：珍珠大橋(パールブリッジ)
大橋全長：3911公尺
主塔高度：297公尺
中央支間最大跨度：1991公尺
(世界最長)
建設費用：5000億日幣

在Starbucks神戶西舞子店能看見明石海峽大橋的全景，窗戶旁是最搶手的位置。

🔊 **超有存在感的明石海峽大橋**
超級長的明石海峽大橋超有存在感，從好多地方都能看到它的蹤跡！像是從大阪的HARUKAS展望台、大阪府咲洲庁舍展望台、天保山摩天輪、六甲山的六甲花園露台等，天氣好時都能遠眺這座跨海大橋！

神戶：明石海峽大橋

## 來到明石海峽大橋不能只有遠觀它，親自爬上主塔或是體驗海上步道，從多角度更認識大橋～

**Point 1**　明石海峽大橋

連接淡路島與本州的明石海峽大橋，一到夜晚亮起的顆顆燈光就像垂掛於海上的珍珠項鍊，而有「珍珠大橋」美稱。

明石海峽大橋

橋長3911公尺

960公尺　　中央支間1991公尺　　960公尺

神戶：明石海峽大橋

---

**Point 2**　舞子海上步道　舞子海上プロムナード

想體驗舞子海上步道，從舞子這側登上明石海峽大橋，就能來到回遊式海上步道。大廳中央有紀念品販賣處，旁邊欣賞海景的餐廳，供應西式餐飲。展望廣場上有兩個長方形的透明框，在步道裡還有處「丸木橋」以透明的玻璃讓人可直接看到海底，走在木橋上體驗走在海上的刺激。

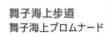

從海面上47公尺高的地方往下看，閃亮的波浪就在腳下，懼高的人可得小心！

📞078-785-5090　🏠垂水區東舞子町2051　🕐9:30~18:00(入館至17:30)，黃金週、暑假9:00~19:00(入館至18:30)　🚫10~3月第2個週一(遇假日順延翌日休)、12/29~12/31　💰成人¥250，70歲以上¥100，週六日例假日成人¥300，70歲以上¥150，高中生以下免費；3館共通入場券(舞子海上プロムナード・孫文記念館・橋的科学館)¥680　🌐hyogo-maikopark.jp/

8層樓高的展望室能夠看到四周美景。

以展望大廳隔開為兩段，穿過透明的圓形通道，可看到大橋複雜的結構。

用展望大廳裡的高倍率望遠鏡，可以看得很遠。

166

「橋的科學館」展示明石海峽大橋的基本結構，與企劃到竣工的過程，是了解大橋的最佳補給站。

## 橋の科学館

Point **3**

明石海峽大橋在動工前光是調查地形、海流等便花了近40年，最後克服海流、地質，再經過抗風、耐震等多項模擬與計算，再花了10年建造，於1998年啟用通車，連結本洲至淡路島的交通。科學館內利用展示版、模型與實際物品、聲光影象等，讓一般人也能了解明石海峽大橋所運用的海洋架橋技術。

☎078-784-3339 ◎垂水區東舞子町4-114 ◎3月~7/19、9~11月9:15~17:00(入館至16:30)，7/20~8月至18:00(入館至17:30)，12~2月至16:30(入館至16:00) ◎週一(遇假日順延翌日休，7/20~8月、黃金週無休)、12/29~1/3 ◎成人¥310，國中小學生¥150，65歲以上¥200，未就學兒童免費 ◎www.hashinokagakukan.jp

## 明石海峽大橋Bridge World Tour

Point **4**

除了一睹明石海峽大橋的壯麗，不如參加Bridge World Tour，走在大橋的海上維修步道，親自爬上主塔，從289公尺的制高點看向淡路島與整個神戶地區吧！登上明石海峽大橋，全程不太用爬上爬下，只要穿雙耐走的鞋子就行！

☎Bridge World事務局078-784-3396 ☎078-787-5110 ◎垂水區東舞子町2051；集合地點在淡路島側アンカレイジ(鄰近道の駅あわじ) ◎週一、五、六、日、例假日每日2場，8月前午前9:45~11:45，午後13:20~15:20，9~11月午前10:05~12:05，午後13:40~15:40；每場20分鐘前開始集合報到 ◎12~3月 ◎成人¥5000，國中生¥2500，限定國中生以上參加 ◎www.jb-honshi.co.jp/bridgeworld/ ◎報名需透過網頁；預約當天請準時出席，並於現場以現金付款；若是預約後要取消，務必與Bridge World事務局聯絡，千萬別做失格的旅人。一般導覽為日文，不定期會推出英語導覽，詳見官網

# Bridge World Tour Step By Step

◎全程2h30min ◎2022年因神戶側電梯進行更新工事，集合地點改至淡路島側アンカレイジ(鄰近道の駅あわじ)，見學過程無洗手間，出發前請先行至集合地點的洗手間。見學行程亦有所更動，全程2小時，聽講後，必須先爬約10層樓的階梯到大橋中央約1公里的維修步道，再步行至主塔搭電梯至98樓的塔頂拍照。

**1.聽講**：到「橋的博物館」2樓櫃台付錢，進入研習室中觀看明石海峽大橋的解說影片。人多時黑板上將全員分組，請依分組找到自己的座位並聽取注意事項。簽下同意書後，穿上背心、掛上語音導覽耳機、戴上頭盔，就可以跟著工作人員移動至1樓博物館。

**2.參觀博物館**：了解橋的各種知識，藉由實際的資料、模型解說，進一步了解大橋的構造與建造歷程。由於爬橋行程中無廁所，想上廁所一定要在這裡解決。

**3.踏上海上大橋**：登上8樓舞子海上步道，通過一般步道從一旁的引道走向大橋中間約1公里的維修步道。格子狀步道直接就能看到海面，耳邊海風呼呼吹過，感覺愈來愈刺激了！

**4.搭上電梯**：走了1公里後，來到主塔。此時只要1分40秒就能登上98樓。主塔98樓有289公尺高，比起阿倍野HARUKAS的300公尺只矮一點點，海面上感受到的強大風力與美景魄力可是截然不同。在這裡會拍攝團體照，回程便能領到紀念相片。

**5.回程**：搭電梯下樓後，再走回維修步道，這時會從另一旁的引道回到舞子海上步道處。來到紀念品店稍事休息。最後回到出發時的研習室領取紀念品，結束美好的體驗行程。

## 順遊景點

**明石海峽大橋周邊還有其他好玩的景點，
安排一個順遊行程，從不同角度看大橋美景**

### 移情閣：孫文記念館

**MAP P.168 B1**

**如何前往**

JR舞子駅徒步5分

☎078-783-7172 　🏠垂水區東舞子町2051

🕐10:00~17:00(入館至16:30) 　🚫週一(遇假日順延翌日休)、年末年始(12/29~1/3) 　💰成人￥300，70歲以上￥200，高中生以下免費 　🔗

**sonbun.or.jp**

神戶為最早開港的港口之一，因此與中國的關係也相當密切，國父孫中山就曾經造訪，別名移情閣的孫文紀念館建築建造於1915年，曾是當時宴請國父孫中山的宴會建築，2004年被移至現在地，並於2005年更名，如今展出國父孫中山生平事蹟與修建這棟建築的企業家史料。

**舞子六角堂**

華僑富商吳錦堂在舞子海岸建了別墅「松海別莊」，而移情閣正是別墅中建於1915年的八角型中國式閣樓。由於從閣樓窗外能分別看到六甲山、瀨戶內海、淡路島、四國等地，藉「移動改變的風情」之意而取名為移情閣。由於形狀特別，從外看似六角型，所以被當地人暱稱為舞子六角堂。

神戶：明石海峽大橋

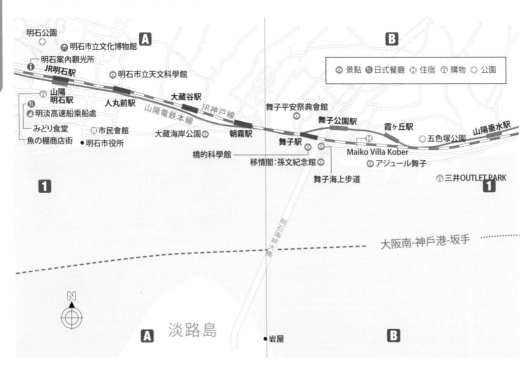

◎ 景點　🍱 日式餐廳　🏨 住宿　🛍 購物　○ 公園

明石公園
明石市立文化博物館　Ⓐ
明石案內所觀光所
JR明石駅
明石市立天文科學館
山陽明石駅　人丸前駅　大藏谷駅
山陽電鉄本線　JR神戶線
明淡高速船乘船處
みどり食堂　市民會館　大藏海岸公園　朝霧駅
魚の棚商店街　明石市役所
橋的科學館　　移情閣：孫文記念館
舞子平安祭典會館　Ⓑ
舞子公園駅　霞ヶ丘駅　山陽垂水駅
舞子駅　　五色塚公園
Maiko Villa Kober
アジュール舞子
舞子海上步道
🛍三井OUTLET PARK

Ⓐ　　Ⓑ

明石海峽大橋

大阪南-神戶港-坂手

N

淡路島　Ⓐ

岩屋　Ⓑ

## 👁 MAP P.168 B1　アジュール舞子

「アジュール(azur)是法文中「藍色」的意思，有著希望這裡來遠綻藍之意。

如何前往

JR舞子駅徒步7分

📞 078-706-2011

📍 垂水區海岸通11

🕕 6:00～23:00

🌐 www.kobe-park.or.jp/azur/

對於在地的兵庫縣民來説，「白砂青松」是對這一帶的印象。雖然一度荒廢髒亂，但經過復原後，現在舞子至垂水之間長達800公尺的舞子沙灘又回復成潔白的樣貌，而且在沙灘旁的公園更是種植大量的松樹、草皮，使這塊沙灘綠意盎然，成為大眾休閒的好去處。

## 🛍 MAP P.168 B1　三井OUTLET PARK MARINE PIA KOBE

如何前往

JR垂水駅、山陽電鐵垂水駅徒步10分

📞 078-709-4466　📍 垂水區海岸通12-2　🛒 購物10:00~20:00、餐廳11:00~22:00　🌐

mitsui-shopping-park.com/mop/kobe/

❗目前改建閉館中，預計2024年重新開幕

在神戶提到OUTLET，大多人都會選擇來離市區近，周邊又有景點可以逛的垂水三井OUTLET。利用神戶特有的港區悠閒氣氛，營造出南歐充滿陽光的感覺，最吸引遊客的應該是全年提供超低折扣的國外名牌、日系服飾品牌。境內也設置多處飲食、休憩專區，整天待在這裡都不累。

在悠閒氣氛中。歐風建築加上海濱的微風輕拂，讓人沉浸

## 👁 MAP P.168 A1　大蔵海岸公園

如何前往

JR朝霧駅徒步3分

📍 兵庫縣明石市大蔵海岸通2　🌊 海水浴場每年夏季8:30~17:30開放游泳　🚿 海水浴場沖澡￥100/次　🌐 www.okura-beach.jp/

沿著優美的海岸線踏著浪，還能遠望明石海峽大橋。

大蔵海岸公園結合大蔵海水浴場與烤肉區，是兵庫縣民夏季休閒的好去處。海水浴場的沙灘全長約500公尺，向東可以看到壯大的明石海峽大橋，天氣好時甚至可以看到淡路島；另外設有烤肉區、賣店等。要注意的是，在開放遊泳的期間之外這裡是禁止游泳的，可別看到海就太興奮地跳下去唷！

## 👁 MAP P.168 A1　魚の棚商店街

如何前往

JR明石駅徒步5分

📞 078-911-9666　📍 兵庫縣明石市本町

🕕 8:00~18:00 (依店舖而異)

🌐 www.uonotana.or.jp

位於明石車站前的魚の棚商店街，明石城築城前後即開始營業，至今已有近400年歷史，演變至今，聚集了眾多海鮮店、特產店、雜貨店、小吃店等，形成一整區熱鬧的街道，人來人往，摩肩接踵，加上此起彼落的叫賣聲，充滿活力。

神戶：明石海峽大橋

# 淡路島

淡路島上有許多土壤在關西國際機場建設時被挖去填海，再加上1995年阪神大地震的災害，使當地人決心要重建一個充滿花香綠地的家園。島上有許多大型的綠地、農場隨季節變換有不同的景觀，春夏秋都是美麗的季節。

 淡路夢舞台

**info**

☎0799-74-1000 ⬥兵庫縣淡路市夢舞台2 ◉自由參觀 ⑤自由參觀 ⊕www.yumebutai.co.jp

　　位於淡路島東北角的淡路夢舞台，和緊鄰的明石海峽公園、GRAND NIKKO飯店和國際會議場連成一處大型自然特區。走入夢舞台，在橢圓形的空間內突然出現的切割線條是騰空的走道，讓人可眺望欣賞遠方的海景；穿梭在柱列廊道之間，灑落於清水模建築上的光影變化成了最美的風景。

當初是為舉行2000年國際花會博覽會，請來知名建築師安藤忠雄操刀建成。

 🖐有此一說～

**環境重建**

初建造這樣一個廣大公園的概念，是出自一個復原綠地的希望。為了建造大阪灣上的關西國際空港，淡路町這一帶的土壤都被挖去填海造新生地，有好長一段時間，這裡的地表光禿禿空無一物，為了美化環境，當地居民配合政府規劃了這一大片區域，重新種植植被，不但要達到綠化的功能，還以各種庭園造景，季節花卉組成一個多采多姿的公園，夢舞台的名稱由此而生。

◎高速船：從明石駅徒步至明石港可搭乘高速船，約13分鐘到達淡路島的岩屋港。
◎高速巴士：自舞子駅可搭乘高速巴士至各大景點，從舞子駅至淡路夢舞台只需15分就能到達。

**淡路夢舞台亮眼看點！**

**百段苑**

在夢台裡面，有一處斜坡是以清水混凝土砌成一塊塊方型的花圃，仔細算算竟然有100個。在這長寬36公尺的花圃裡植滿來自世界各國的菊花，追悼著阪神大地震中逝去的寶貴生命。

**貝の浜**

夢舞台的設計師安藤忠雄從日本全國各地蒐集來百萬枚帆立貝殼，將其整齊地鋪在水池之中。

 陽光灑落時，藉由噴水與水流，貝の浜閃耀著粼粼波光，十分美麗。

**あわじグリーン館（AWAJI GREENHOUSE）**

あわじグリーン館是一個大溫室，境內以各式植物為主，配合做出庭園造景，有日式、羅馬式、歐式、南美等不同風情。每年還會配合植物的花季舉辦各式活動，是可以體驗到植物奧妙的親子同樂場所。

☎0799-74-1200 ◷10:00~18:00(售票至17:30) ⊗7、11月的第2個週四 ⑤成人¥750，70歲以上¥370，高中生以下免費；特別展成人¥1800，70歲以上¥900；あわじグリーン館·明石海峽公園共通券大人¥1000(高中生僅需明石海峽公園門票¥450)、65~69歲¥920、70歲以上¥580，國中生以下免費 ⊕awaji-botanicalgarden.com/

# Do YOU KnoW

## 安藤忠雄設計建築再一枚！

位於淡路島北邊，和淡路夢舞台、奇蹟之星植物館、明石海峽公園地理位置相近的GRAND NIKKO AWAJI，也是由建築大師所設計，也因世足賽期間提供英國隊住宿而聲名大噪，成為一個話題旅遊點。

如花朵般綻放的椅子，遊客都喜歡到此拍照留念。

淡路島

兵庫

明石 ● ／舞子
明石海峽大橋 ● ／垂水
淡路花棧敷 ● ／二次元之森
Hello Kitty Smile
ゑびす亭 ／淡路夢舞台
本福寺水御堂 ／明石海峽公園
PARCHEZ香りの館・香りの湯 ／吹き戻しの里
靜の里公園 ／GARND NIKKO AWAJI
薰壽堂 ／大公
御食國 ／洲本城跡
大阪灣
洲本市
淡路Farm Park England Hill ／洲本溫泉
Hotel ANAGA ／淡路島牧場 ／和山歌縣
淡路人形座
大鳴門橋記念館 ／紀淡海峽
鳴門 ／Hotel New Awaji Plaza
鳴門大橋
鳴門海峽
徳島縣

◎景點 Ⓗ住宿 Ⓡ餐廳 Ⓟ劇院
Ⓢ購物 ◎溫泉 Ⓙ日式餐廳

## ◎ 本福寺 水御堂

牆，據說是藉此隱喻聖靈與凡俗的分隔境界。

清水模牆面後的圓弧

info
📞0799-74-3624 ⊙
兵庫縣淡路市浦1310
⊙9:00~17:00 Ⓢ見
學成人￥400，國中生
以下￥200 Ⓦwww.awajishima-kanko.jp/manual/detail.html?bid=454

　　本福寺水御堂也是安藤忠雄的代表作，能夠眺望大阪灣的入口極為低調，依著指示朝本堂前進，安藤建築最招牌的大片清水模牆面旋即矗立眼前。安藤忠雄刻意將本堂隱沒於蓮花池下方，隱喻煩囂俗塵被拋在遠方，走入靜謐的世界。

## 🍴 大公

info
📞0799-62-0639 ⊙
兵庫縣淡路市志筑2821-1 ⊙11:00~21:00(L.O.20:30) 第2、4個週二 Ⓢ石燒ステーキ定食(石燒牛排定食)￥2750起 Ⓦwww.taico.sakura.ne.jp

　　淡路島的牛隻採放牧型式餵養，成就出美味的淡路牛肉，肉質纖維細緻，適合以燒烤方式料理，在大公餐廳就可品嚐到這美味。

鳴門海峽最大的漩渦直徑可達20公尺，蔚為奇觀。

## ◎ うず潮観潮船 咸臨丸

info
📞ジョイポート南淡路0799-52-0054 ⊙兵庫縣南あわじ市福良港 うずしおドームなないろ館 ⊙航班9:30、10:50、12:10、13:30、14:50、16:10，依季節會不定期增減班，詳見官網 不定休 Ⓢ國中生以上￥2500，小學生￥1000，1位未就學兒童需1位大人陪同則免費 Ⓦwww.uzu-shio.com ❗發船30分前停止辦理登船購票手續

　　每當漲潮時，鳴門海峽兩邊的紀伊水道及瀨戶內海產生1.5公尺的水位落差，海潮湧起到了狹窄的鳴門海峽，形成更激烈的潮流，甚至產生漩渦。由於每天潮汐的狀況不一，在購票前可以選擇船家推薦的班次，看到狀觀漩渦的機率會比較高。

與名古屋城、熊本城並列為日本三大名城，
雪白城廓有「白鷺城」之美稱，更是處賞櫻名所

神戶：姬路城

經過六年大整修之後，姬路城天守閣終於重新向世人展現風采。姬路城因為有著白漆喰(抹牆用的灰泥)所塗刷的白壁，所以有白鷺城的美稱。

MAP
P.177
A1

# 姬路城
ひめじじょう／Himejijo

建在姬山上的姬路城從山腳到天守閣頂端，有海拔92公尺高，是非常重要的軍事要塞，加上其複雜迂迴的防禦性城廓設計，使姬路城更是易守難攻，敵軍入侵時往往在其間迷路，而減緩攻勢。

壯觀華美的姬路城，若要由外緣到城內都全程走完大約需要三小時，尤其是一層層沿著高聳的階梯爬上天守閣更是挺費力的，不過走這一趟絕對值得，可以親自感受日本古城的原型建築之美，與珍貴的世界遺產做近距離接觸。

造訪姬路城理由

① 世界遺產白鷺城

② 春天粉櫻妝點白色城牆，留下一幅世紀美景

③ 遊覽重建後的優美古城

# Do YOU KnoW

## 細細道來姬路城的輝煌歷史

現在看到的姬路城是池田輝政所建，建於慶長6年(1601)，姬路城最早的建城歷史其實可追溯到西元1346年的鐮倉幕府時代，戰國時期羽柴秀吉(後來的豐臣秀吉)再加築三層，姬路城的樣貌漸漸勾勒出來。

豐臣秀吉死後，德川家康於關原之戰中奪得政權，姬路城的城主也換成德川家的女婿池田輝政，池田輝政的任內繼續擴大修築姬路城，如今壯觀的天守閣群於是成形。

---

## 和しろまるひめ一起玩姬路城！

為記念姬路城建城400週年，由姬路市市民選出代表性吉祥物しろまるひめ(白丸姬)。しろまるひめ的外型與結合姬路城雪白城牆的印象，是個皮膚白晳喜歡吃糰子的女孩。

---

JR西日本山陽本線、播但線、姬新線、山陽新幹線【姬路駅】
山陽電鐵山陽電鐵本線【姬路駅】

至少預留時間
姬路城參觀：3小時
周邊景點觀光：2~3小時

📞079-285-1146
🏠兵庫縣姬路市本町68
🕐9:00~17:00(16:00關門)，夏季7下旬~8月至18:00(17:00關門)
📅12/29、12/30
💰18歲以上¥1000，小學生~高中生¥300，未就學兒童免費；姬路城 好古園共通券18歲以上¥1050，小學生~高中生¥360
🔗www.city.himeji.lg.jp/guide/castle

## 🚩 姬路城小檔案

通稱：白鷺城
建造者：赤松貞範
建造年份：貞和2年(1346)
登錄國寶：大天守・小天守・渡櫓等8棟
重要文化財：菱の門、化粧櫓等城內共計74棟
吉祥物：しろまるひめ(白丸姬)

### 從車站步行或搭巴士

姬路駅下車由1號出口出站，沿大手前通徒步約15分鐘，即可到達姬路城；如不想走路或是趕時間的人，可以在姬路駅前搭乘市營巴士，於「姬路城大手門前」下車即達。

### Kansai One Pass

優惠版的ICOCA「Kansai One Pass」具備ICOCA基本功能以外，出示票卡可在姬路城享有門票八折優惠，就連部分關西機場的免稅店也有折扣，非常划算。
🔗kansaionepass.com/tw/

### 姬路城便利通

打算前往姬路城的話，不妨利用官方推出的入城人次預測、統計網站，確認一下是否需要早一點出發，或是需不需要排隊領取登天守閣的整理券。
🔗www.himejicastle.jp/cn_han/

與其他的日本城堡一樣，姬路城不像歐洲城堡般採用石砌，而是木造建築，是日本城堡最重視所以白漆喰就有防火的功能，所以姬路城不單擁有的每處軒柱能一環防火，所以白漆喰的外壁連內部的每處軒柱也都有塗白漆喰呢！

173

# 歷經多年整修後再現風華的姬路城，優雅古城中又有哪些令人讚嘆之美呢？

姬路城

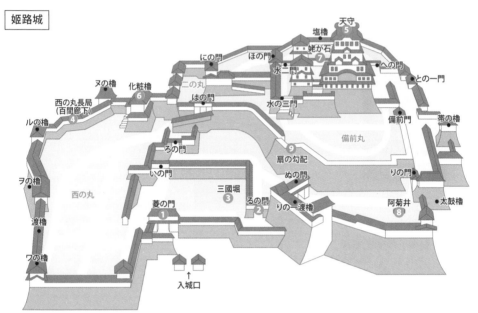

天守 5
塩櫓
にの門
ほの門
姬が石 7
への門
水二門
との一門
水の三門
備前門
帯の櫓
備前丸
ヌの櫓
化粧櫓 6
西の丸長局
(百間廊下) 4
二の丸
はの門
扇の勾配
ルの櫓
ろの門
9
ぬの門
りの門
ヲの櫓
いの門
西の丸
三國堀 3
るの門
りの一渡櫓
阿菊井 8
太鼓櫓
菱の門 1
2
渡櫓
ワの櫓
入城口

## 👁 1 菱之門

**重要文化財**

寫著「國寶姬路城」的菱之門，是姬路城的入城口，也是昔日守城衛兵站崗的地方。

 **4** 西の丸長局(百間廊下)

進入姬路城前,要先將鞋子脫下,走進稱作「長局」的狹長日式木造迴廊,長達300公尺的長局又稱為「百間廊下」,為西御殿的西側走廊,有保護及防衛西御殿的功能。

**2** るの門

在一般正常通道之外的地方,會有處從石垣中開口的小洞,此種稱為穴門的逃遁密道,只有在姬路城才有。

> 裝飾於屋簷的魚狀鯱瓦,
> 更見姬路城建築之美。

**5** 天守

三個小天守翠護著巍峨的大天守,這種連立式天守的樣式只有在姬路城才看得到,美麗的白壁與唐破風、千鳥破風式屋簷。

> 牆壁上V字型的痕跡就是
> 當年改建時所留下的。

**3** 三國堀

三國堀是菱之門旁的大溝渠,是姬路城的重要水源,有防火備水的功能,為當時統領播磨、備前與姬路,共三國的大名(藩主,日本官名)池田輝政所改築,故稱為三國堀。

## DO YOU KNOW

### 姬路城最出名的女主人——千姬

千姬是德川家康的孫女,在7歲時因政治婚姻嫁給豐臣秀吉之子豐臣秀賴,大阪城陷落後,豐臣秀賴也自刎而死,失去丈夫的千姬在返回江戶城途中遇到本多忠刻,兩人陷入愛河並締結良緣。

後來本多忠刻成為姬路城的城主,與千姬過著幸福的時光,並育有兩子;可惜好景不長,長子和本多忠刻皆相繼早逝,傷心欲絕的千姬也未再婚,離開姬路城遁入佛門直到70歲去世。

**6** 化粧櫓

化粧櫓是城主之一的本多忠刻之妻千姬的化妝間,也是平日遙拜天滿宮所用的休憩所,相傳是用將軍家賜予千姬的十萬石嫁妝錢所建的。比起其他地方,千姬的化粧櫓有著女性所喜好的華麗優雅,裡面的房間還有千姬與隨侍在玩貝合遊戲的模型。

### 👁 7 姥が石

石牆上用網子保護的白色石頭，傳說是一位經營燒餅屋的貧苦老婆婆家裡使用的石臼，當時建城石材十分缺乏，老婆婆就將石臼送給辛苦築城的羽柴秀吉(豐臣秀吉的本名)，引發民眾們也紛紛捐石支援，當時石材嚴重不足，甚至還將石棺、石燈籠都挖來補牆呢！

### 👁 8 阿菊井

日本有個很有名的鬼故事「播州皿屋敷」，故事中的婢女阿菊得知元老策劃造反的消息，將此事告知諸侯幫助他逃難，記恨在心的某家臣於是就藏起一只珍貴的盤子並誣陷是阿菊弄丟的，並將阿菊丟入井致死，於是乎每到草木寂靜的深夜時，井旁就會傳來女子淒怨地數著盤子的聲音：「一枚…二枚…三枚…」。

### 👁 9 勾配

堆砌如扇狀的城牆，底部急斜，到了接近頂端的部分卻與地面呈直轉角，此種築法叫做「勾配」，勾配可使敵人不易攀上城牆，達到防守的目的。

### 🔊 從紋瓦CHECK歷代城主！

姬路城曾有多位城主進駐，像是豐臣家、池田家、本多家和酒井家等，大天守北側石柱上就貼有將歷代城主的家紋所刻製的紋瓦，聽説總共加起來有8種不同的紋路，逛一圈看能否蒐集全部呢！

#### 唐破風

屋簷下呈圓墩土坵狀的屋頂建築稱為「唐破風」，中央突出的柱狀裝飾物稱作「懸魚」。

#### 將軍坂

因拍攝日劇「暴坊將軍」而知名的石段階梯，從白牆往大天守方向是最佳的拍攝景點！

### 👉 有此一說～

#### 白牆上的OOXX都是些什麼啊？

在白牆總能看到圓形、三角形或正方形的洞穴，到底是用來做什麼呢？這些稱作「狹間」(狹間，さま)，在古時候是建造來放置箭或是槍械。

**順遊景點**

# 逛完姬路城，城廓周邊或是姬路駅
# 還有什麼地方好玩呢？一起來探索！

👁 **MAP P.177 A1** 好古園

如何前往

同姬路城

☎079-289-4120 🏠兵庫縣姬路市本町68

🕘9:00~17:00(入園至16:30) ⊗12/29、12/30

💲18歲以上￥310，小學生~高中生￥150，未就
學兒童免費；姬路城‧好古園共通券18歲以上
￥1050，小學生~高中生￥360

🌐himeji-machishin.jp/ryokka/kokoen/

借景姬路城為背景的好古園，為一座平
成4年(1992)開園的日本庭園，由九座風

情殊異的花園所組成，小橋流水、春櫻秋
楓，景色典雅宜人。好古園的舊址原為姬
路城主的外苑及家臣的房屋所在地，德
川幕府時更曾有城主神原政岑為名妓贖
身，在這兒金屋藏嬌。

☕ **MAP P.177 A2** cat cafe ねこびやか

如何前往

姬路駅東口徒步5分

☎090-6757-2810

🏠兵庫縣姬路市駅前
町322ミフネビル2F

🕘10:00~18:00(入店
至17:00)

⊗週二、五、不定休
(詳見官網)

💲1小時￥1000，之
後每30分鐘￥500

🌐nekobiyaka.jugem.jp

❗禁止錄影，拍照禁止使用閃光燈。

世界唯一也是第一間只有黑貓限定的
貓咖啡，黑貓控怎能錯過。

　　店內有十來隻的黑貓坐檯接待客人，
店主利用各式各樣不同花色的領巾，讓
客人能快速辨別每隻黑貓的名字，其實
仔細觀察後，就會發現每隻黑貓各有其
獨特的特徵，可愛的惹人愛。

神戶‧路城

| 圖例 | |
|---|---|
| ◎景點 | 🍴日式餐廳 |
| 🍴餐廳 | 🏠住宿　🏬百貨 |
| 🛍購物 | ⛩神社　🌳公園 |
| ✏美術館 | 🚌公車站 |

177

# 腳步再往姬路城郊外走遠一些，像是古剎或主題公園也好玩！

## 卍 MAP P.177 A1 書寫山圓教寺

**如何前往**

JR山陽本線姬路駅搭乘往書寫ロープウェイ(書寫纜車)的神姬バス(神姬巴士)於終點站下轉乘纜車上山即達

☎0792-66-3327 ⊙兵庫縣姬路市書写2968 ●8:30~17:00，依季節而異 ⑤¥500(含書寫ロープウェイ)，國高中生以下免費 ⓦwww.shosha.or.jp

書寫山圓教寺是姬路最富盛名的紅葉名所，尤其是有一千多年歷史的摩尼殿和大講堂，更是秋天賞楓的勝地。年代悠久的圓教寺，是日本的重要文化財。

## ◉ MAP P.177 A1 姬路Central Park
### 姬路セントラルパーク

**如何前往**

JR山陽本線姬路駅搭乘往姬路セントラルパーク的神姬バス(神姬巴士)約25分在終點站下即達

☎079-264-1611 ⊙兵庫縣姬路市豐富町神谷1434 ●サファリパーク、遊園地10:00~17:30(依季節而異，詳見官網) ⊗不定休(詳見官網) ⑤成人¥3600~4000，小學生¥2000~2200，3歲以上¥1200~1400(依季節而異) ⓦwww.central-park.co.jp

姬路セントラルパーク個大型的綜合遊樂場地，公園分為遊園地和野生動物園兩部分，其中野生動物園在搭上特製的遊園車，溫和的草食性動物如羚羊、梅花鹿或兇猛的獅子、老虎、豹等都近在呎尺。

## ◉ MAP P.177 A1 姬路市書寫の里・美術工藝館

**如何前往**

JR山陽本線姬路駅搭乘往書寫ロープウェイ(書寫纜車)的神姬バス(神姬巴士)於終點站下徒步約3分

☎079-267-0301 ⊙兵庫縣姬路市書写1223 ●10:00~17:00(入館至16:30) ⊗週一(遇假日照常開館)、例假日隔天(遇週六日例假日照常開館)、年末年始(12/25~1/5) ⑤成人¥310，大學高中生¥210，國中小學生¥50；姬路はりこの絵付け(姬路張子上色體驗)¥1000起；姬路こまの色付け(姬路陀螺繪圖體驗)¥330 ⓦwww.city.himeji.lg.jp/kougei

被飄逸竹林包圍的美術工藝館，位於書寫山麓，造型是以寺廟為概念，裡頭展覽主要分為三大部分，之一展示樸實泥佛，造型迥異於常見佛像，是已故奈良東大寺長老清水公照師的作品，十分特別。另外分還有鄉土玩具室和工藝工房，鄉土玩具室收藏了日本全國各地的鄉土玩具。

姬路張子是姬路傳統鄉土玩具的代表，將土製模具上壓覆數枚和紙，成型後脫下模型再上色，即大功告成！

## 🔊 姬路在地特殊工藝大公開

**姬革細工**

姬路是有名的皮革產地，成牛皮革的生產量占全國70%，使用姬路皮革做成的錢包、盒子等，成品纖細富有美感，圖案則以姬路城最具代表性。

**姬山人形**

使用一整塊木頭雕刻而成的姬山人形，外觀看起來很樸素，為了表現出木頭的質感，並且和所雕刻的人物符合，必須事先仔細觀察木頭的紋路走向，完成後使用水彩局部上色，讓人偶更生動。

# 離開京阪神的周邊小旅行

京阪神，有熱情如火的大阪人情味，純日本和風中心的京都、港都現代感的神戶，光是這三個地方的觀光資源雄厚，吸引人們一再前往。利用一整天的時間將腳步走遠一點，享受無人打擾的祕湯風景、古都悠閒散策、探訪山中秘境。體驗最在地的日本和風之旅。

## 福知山
位於京都府北側的「福知山」，是前往天橋立的立經之地，一派悠閒的城鄉交雜風光，是可以遠離擁擠的京都，感受另一種不同風貌的裏京都之地。

## 有馬溫泉
從神戶市區出發只要短短30分鐘就可抵達的「有馬溫泉」，在《日本書紀》中記載是日本最古老溫泉鄉之一，豐富歷史和自然景觀更是吸引人的因素。

## 奈良公園
奈良的美雖然沒有京都來得炫麗耀眼，但寧靜自在的氛圍為古都增添不同的魅力。「奈良公園」更是必訪之地，與鹿群在古寺梵鐘聲中漫步也饒有趣味。

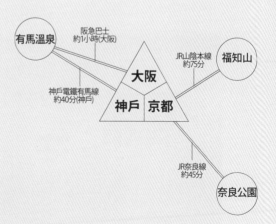

阪急巴士
約1小時(大阪)

有馬溫泉

JR山陰本線
約75分

福知山

大阪

神戶電鐵有馬線
約40分(神戶)

神戶　京都

JR奈良線
約45分

奈良公園

# 去一趟車程才1小時，遊玩範圍也不大，計畫一日旅剛剛好～

\推薦1/

距離京都
約88公里

特急列車
約75分鐘

MAP P.181

京都府
**福知山**
ふくちやま／Fukuchiyama

## 如何前往

Ⓐ 從京都駅出發可以搭乘JR山陰本線特急列車きのさき或是はしだて，期間不用轉車，輕鬆直達福知山駅。單程¥3040，約75分鐘。

Ⓑ 也可從大阪駅或尼崎出發，但相對時間及費用會較多，可以搭乘JR福知山線特急列車こうのとり直達福知山駅。單程¥3930，大阪駅出發約100分鐘，尼崎駅出發約90分鐘。

京都府範圍相當大，除了一般遊客所熟知的京都市中心外，位於京都府北側的福知山市，一派優閒的城鄉交雜風光，是可以遠離擁擠的京都，感受另一種不同風貌

### ○ 輕鬆遊玩福知山

福知山市中心範圍並不算不大，說遠不遠、說近也不算太近，若不想走路，車站前北口的觀光案內所就有腳踏車可租借，由於市中心大都是平坦道路，相當容

易騎乘，來這不妨借個單車，半日市區巡禮，舒適又恣意。
時間：9:00~18:00，價格：單車400/2H，電動單車500/2H
若是前往大江山、伊勢神宮、長安寺等稍微郊外的區域，部分可以搭配電車抵達外，由於巴士班次不多，大部分仍以開車自駕較為便利，車站前也有租車點。

的裏京都之地。若從京都要前往著名的天橋立，福知山幾乎是必經之地，這裡自古因居北近畿交通要衝，加上1579年明治光秀受織田信長之命，在這裡蓋築福知山城，於是帶動這個城下町的發展。有悠久歷史，也是大江山鬼怪傳說之地，丹波知名食材衍伸的甜點之城，更是美味但馬牛燒肉激戰區。

福知山市中心範圍不大，福知山城城下町也有許多小店與咖啡館可以走走逛逛。

福知山的的燒肉店密度可曾經高居日本第一？原因是這裡從明治時期開始就是丹波、丹後地域的肉品集散流通處，目前日本的肉品的集散地，也仍舊高居前三位。

# 當天來回的行程

福知山的大江山山麓一帶，由於連峰地勢險惡，自古留下許多鬼怪棲息傳說，又以「酒吞童子」等鬼怪傳說最多，每年10月更舉辦酒吞童子節。

白雪覆蓋在福知山城城牆上，又是另一幅冬季限定美景。

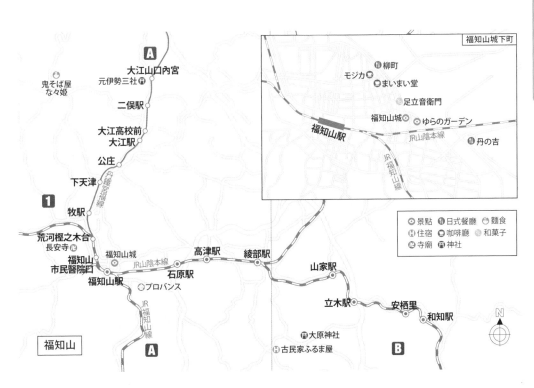

**① 福知山城**

　　位於知福山市中心的福知山城，雄據山丘上的公園裡，雖然海拔低卻可以登高一覽市區景致的最佳地方。原本在1579年由明智光秀奉織田信長之命所建，直到明治時期因廢城政策遭到拆除，1986年市民發起「一片瓦運動」在僅存的舊石垣上重建天守閣。

🅟P.181B1 🚉福知山駅徒步15分 ☎0773-23-9564 🏠京都府福知山市字 記5 🕘9:00~17:00(入城至16:30) 💤週二(遇假日順延翌日休)、12/28~12/31、1/4~1/6 💲成人￥330，國中小學生￥110 🌐www.fukuchiyamacastle.jp/

400年前以各式石材推砌的石垣，看似無秩序卻又相當穩固，也有心形石可以找看看。

抬頭一看福知山城就在眼前，氣氛悠閒自在。

如今天守閣已作為展示在當地奉為明君的明智光秀，及福知山歷史展示的資料館。

**② ゆらのガーデン**

　　在福知山城天守閣城下對面新闢一區集合美食餐廳、咖啡、服飾雜貨與麵包店的小區，總共7個獨棟屋宅式店家就圍著一個大草皮而建，小水渠的潺潺流水就在區域內流過，餐廳裡有洋食、和食、肉類料理等，人潮聚集後又是一番熱鬧氣氛。

🅟P.181B1 🚉福知山駅徒步15分 🏠京都府福知山市堀今岡6 🕘11:00~23:00(依店舖而異) 💤依店舖而異 🔄www.instagram.com/yurano_garden/?hl=ja

**③ 丹の吉**

　　原本經營平價烤肉店的老餐廳「丹の吉」，2017年在法餐主廚兒子回鄉接棒後，讓老店增添新風貌，以法菜厚實基礎，精選各式肉類與蔬菜，也增添較不常見的鴨肉、野豬、鹿肉等燒烤食材，美麗擺盤上桌更是道道驚喜，價實質精，更酷的是還有隱藏菜單等你挖掘。

🅟P.181B1 🚉福知山駅徒步20分，或搭巴士至「土師バス停」下車即達 ☎0773-27-4968 🏠京都府福知山市土師宮町1-216 🕘17:00 ～ 23:00

若意猶未盡，也可點盤菜單上沒有的義大利麵。

**④ 元伊勢三社**

宛如被包覆在蔥鬱森林中的元伊勢三社，包含元伊勢內宮皇大神社、元伊勢外宮豐受大神社、天岩戶神社等三社。這裡所奉祀的天照大神、豐受大神後來雖轉移到三重縣伊勢神宮落腳，但這裡悠久的歷史與廣受民眾崇敬的地位不減。

🅜P.181A1 🚉京都丹後鐵道大江山口內宮駅下車徒步15分 ☎0773-56-1011 🏠京都府福知山市大江町內宮字宮山217 💰自由參拜

境域內千年古木參天、黑色鳥居、83個小宮圍繞，2公里的參拜路徑當成是一場森林浴的步道漫步，舒適又幽靜。

**夏季日落聖地「一願成就」！**

從元伊勢皇大神社到天岩戶神社參拜的途中，會經過一處參拜所，這裡正好可以瞭望有日本金字塔之稱的日室嶽，這個神聖之地自古就是禁足之地，讓它更添神秘。尤其7月夏至時節日落剛好在山尖之處，宛如與神祕力量有著緊密聯繫，據說此時許願，更加容易心想事成。

## 有此一說～

**貓狗是安產的吉祥物**

來到大原神社除了祈求安產與小孩健康之外，也可買神明加持的產婦束腹帶及小孩用的毛巾等，除此之外也記得摸摸神社旁的狗狗石雕喔，據說因為貓跟狗一下子就能產出好幾個寶寶，因此也常被用來當作安產的象徵吉祥物。

在稍微遠離拜殿的河岸邊仍保有日本唯一的古代產房，直到大正年間這產房仍持續使用著，產婦在生產前七天就必須入住，在神的庇護下，生下健康的寶寶。

**⑤ 大原神社**

以祈求安產而知名的大原神社，不僅是在地甚至遠達京都南部及兵庫縣，自古以來都有絡繹不絕的祈拜者。852年就已經有了神社的原型創建，現在所見的的社殿則是1796年再建的，唐風建築的拜殿，各式雕刻相當精采之外，還有貴重的「四季耕作圖」。

🅜P.181B1 🚉JR綾部駅轉乘巴士或計程車於「大原神社」下車 ☎0773-58-4324 🏠京都府福知山市三和町大原191-1 💰自由參觀 💰自由參拜 🖥www.kyoto-jinjacho.or.jp/shrine/24/040/

# 日本最古老的溫泉鄉，
# 花個半天或一天就能達成療癒溫泉之旅

推薦2

距離神戶
約20公里

電車
約40分鐘

神戶市

MAP
P.185

## 有馬溫泉
ありまおんせん／Arima Onsen

● 從寧寧橋前的道路走去，經過有馬溫泉案內所會看到一條小徑，沿著坡道往上走即是主要的古風老街，許多重要景點與老舖商店都位於老街上。

### 如何前往

Ⓐ 若從三宮出發搭乘北神急行線在谷上駅下車，轉乘神戶電鐵有馬線在「有馬溫泉駅」下車，車程加上轉車約40分鐘，票價￥680。

Ⓑ 三宮駅的三宮巴士中心(三宮バスターミナル)「三宮駅前駅」4號搭車處搭乘阪急巴士・神姬巴士連運的路線巴士「阪急バス6系統」至「有馬溫泉駅」下車，約50分鐘，單程國中生以上￥710，小學生￥360。若搭乘JR西日本營運的大阪高速巴士「有馬エクスプレス号」至「有馬溫泉駅」，約30~40分鐘，單程成人￥780，兒童￥390。

Ⓒ 阪急高速巴士大阪梅田ターミナル(阪急三番街)、阪急高速巴士新大阪ターミナル搭乘阪急観光バス營運的高速巴士至「有馬溫泉駅」，大

阪發約60分鐘，單程國中生以上￥1400，小學生￥700；新大阪發約50分鐘，單程國中生以上￥1250，小學生￥630。若乘JR西日本營運的大阪高速巴士「有馬エクスプレス号」至「有馬溫泉駅」，約65分鐘，單程成人￥1400，兒童￥700。

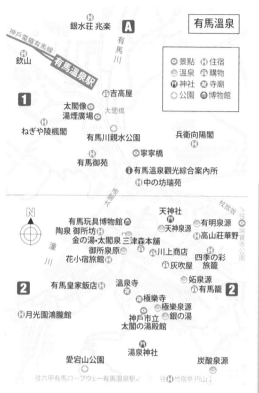

有馬溫泉

| 圖例 | |
|------|------|
| ◎ 景點 | ⊕ 住宿 |
| ♨ 溫泉 | ⑭ 購物 |
| ⛩ 神社 | ㊉ 寺廟 |
| ○ 公園 | 📷 博物館 |

神戶電鐵有馬線

有馬溫泉駅

**A**

銀水莊 兆楽

欽山

有馬川

⑭ 吉高屋

**1**

太閣像
湯煙廣場

大閣橋

ねぎや陵楓閣

有馬川親水公園

兵衛向陽閣

寧寧橋

有馬御苑

⊕ 有馬溫泉觀光綜合案內所

中の坊瑞苑

N

有馬玩具博物館

天神社

天神泉源

有明泉源

陶泉 御所坊

金の湯・太閣泉 三津森本舗

高山莊華野

御所泉源

川上商店

花小宿旅館

灰吹屋

四季の彩 旅籠

有馬皇家飯店

溫泉寺

妬泉源

⑭ 有馬籠

**2**

**2**

月光園鴻朧館

極樂寺

極樂泉源

神戶市立
太閣の湯殿館

銀の湯

愛宕山公園

湯泉神社

炭酸泉源

往六甲有馬ロープウェー有馬溫泉駅

往竹取亭 円山

同場加映：離開京阪神的周邊小旅行

　　如果要在阪神地區中挑選一個溫泉鄉造訪，當然非有馬溫泉莫屬，從神戶市區出發，只要短短30分鐘就可抵達，有馬溫泉是《日本書紀》中記載的日本最古老溫泉鄉之一，最早的紀錄出現在西元631年。除了史書上的記載外，有馬溫泉也曾出現在日本神話中，在神話裡傳說有馬溫泉是由兩位日本遠古大神「大己貴命」及「少彥名命」，在山峽有馬之里處所發現的，與四國的道後溫泉、和歌山的白浜溫泉並稱日本三大古泉。擁有豐富歷史和自然景觀的魅力更是吸引人的因素，也難怪，無關乎平時或假日，總擠滿了泡湯遊客。

## Do YOU KnoW

### 有馬溫泉泉質大有學問

金泉：鐵鈉塩化物泉，呈金黃色。對神經痛、關節炎、皮膚濕疹過敏、手術外傷等都很有療效。
銀泉：炭酸泉，無色透明。對高血壓、血液循環不良等有療效，還能能恢復疲勞、促進食慾。

**①** 湯煙廣場
ゆけむり広場

擁有美麗水景的湯煙廣場旁有個立像，原來是和有馬溫泉頗有淵源的豐臣秀吉，在此守護著溫泉鄉，旁邊還有通道，居然能夠走到清涼的水簾之後，讓人好像隱藏在瀑布裡面，這水幕原來就是湯煙。

🅐P.185A1 🚃有馬溫泉駅出站即達 🏠有馬溫泉駅旁
🕐自由參觀 💲自由參觀

站在橋上可欣賞河道風景，每到秋天更有繁華似錦的紅葉，是有馬溫泉的著名景點。

**②** 寧寧橋
ねね橋

日本戰國時，一代霸主豐臣秀吉經常從大阪城到有馬溫泉進行溫泉療養的活動，而他的妻子寧寧常跟他一起來這裡。世人羨慕他們的堅貞愛情，於是在和湯煙廣場上的太閤像對面造了寧寧像與其相望，而寧寧像旁火紅的橋就是寧寧橋。

🅐P.185A1 🚃有馬溫泉駅徒步3分 🏠神戶市北區有馬町(有馬溫泉観光総合案内所前)

**③** 天神泉源

天神泉源是有馬溫泉裡七個溫泉的其中一個源頭，是祭祀菅原道真的天神社境內的湧泉。咕嚕咕嚕地冒著煙，溫度高達攝氏98.2度的泉源，成分有鐵、塩化物質等，被稱為金泉，也是有馬最有代表性的泉源之一。

🅐P.185A2 🚃有馬溫泉駅徒步6分 🏠神戶市北區有馬町1402 🕐自由參觀 💲自由參觀

當時被尊稱為「太閤」的秀吉對有馬的溫泉情有獨鍾，相傳自他一統天下後，總共到過有馬溫泉15次，因此人們感念秀吉，而在湯煙廣場旁造了太閤像以茲紀念。

同場加映：離開京阪神的周邊小旅行

**4** 金の湯

享受有馬溫泉最受歡迎的方式就是來金の湯純泡湯，濃濃的鐵銹色被稱為「金泉」的溫泉，原本在地下時為透明無色，但由於含有很重的鐵質，當泉水與空氣接觸後會因氧化作用而成為赤茶色，連浴池都被染成一層紅褐色非常特殊。金の湯經過多次整修，重新開幕之後，煥然一新也吸引許多絡繹不絕的泡湯客。

🚊P.185A2 🚃有馬溫泉駅徒步5分 ☎078-904-0680 🏠神戶市北區有馬町833 🕐8:00~22:00(入館至21:30) 休第2、4個週二(遇假日順延翌日休)、1/1 💲國中生以上￥650，小學生￥340，未就學兒童免費；2館券(金の湯、銀の湯)￥850；3館券(金の湯、銀の湯、太閤の湯殿館)￥1000 🌐arimaspa-kingin.jp

富含豐富鐵質的金泉，染上一抹紅褐色，十分特殊。

🔊

**有馬溫泉也有賞楓名所──瑞寶寺公園**

稍稍遠離車站的瑞寶寺公園是有馬溫泉甚至是兵庫縣屈指可數的紅葉名所，此地為明治時代所廢除寺院瑞寶寺的遺跡，於1951年整理成為開放給民眾的公園。每年到了11月初就會因應秋天的來臨舉行有馬大茶會，重現豐臣秀吉時代的景象，將歷史、傳統文化與史跡融為一體。

**5** 銀の湯

銀の湯2001年9月重新裝修，與金の湯同樣屬於公營的泡湯設施。而銀の湯的泉源來自銀泉，除了含鐵質外，另有大量的碳酸成分，入湯之後皮膚會浮現碳酸泡沫非常有趣。外型採鐘樓設計的銀の湯，整體的和風造型，無論是岩風呂大浴槽或是個人用的拍打湯，都讓人可以輕鬆入浴。

🚊P.185A2 🚃有馬溫泉駅徒步8分 ☎078-904-0256 🏠神戶市北區有馬町1039-1 🕐9:00~21:00(入館至20:30) 休第1、3個週二(遇假日順延翌日休)、1/1 💲國中生以上￥550，小學生￥290，未就學兒童免費；2館券(金の湯、銀の湯)￥850；3館券(金の湯、銀の湯、太閤の湯殿館)￥1000 🌐arimaspa-kingin.jp

👉 **有此一說～**

**太閤泉**

太閤泉由於昭和41年枯竭而廢止，但是阪神大地震之後又湧出泉水，這個設置於金之湯旁，葫蘆狀的水龍頭流出的便是可以飲用的太閤泉，含有豐富的鈉鹽化合物，流出的泉水也是銀之湯的溫泉，喝一口據說就能夠養生。

同場加映：離開京阪神的周邊小旅行

# 一小時的車程，與鹿群來場奈良古都小旅行

推薦3

距離京都
約55公里

快速列車
約45分鐘

白日幾乎都是觀光客穿梭的奈良町，傍晚過後忽然安靜下來，幽暗的街道燈光，反而有種靜謐的美感，最能代表奈良風貌。

奈良縣
**奈良公園**
ならこうえん／Nara Koen
MAP P.189

## 如何前往

Ⓐ 從京都駅可搭乘JR奈良線直達。京都駅出發搭乘みやこ快速約45分抵達奈良駅，¥720。搭乘普通車約75分，¥720。

Ⓑ 從京都駅還可以搭乘近畿鐵道前往近鐵奈良駅。近鐵京都駅搭乘近鐵特急可直達近鐵奈良駅，約35分，¥1160。若不想搭特急，則可搭乘近鐵京都線普通車，至大和西大寺轉乘近鐵奈良線，共約1小時，¥640。

奈良市區的觀光景點就以奈良公園為中心的這一片區域最為精彩。這裡充斥著看起來可愛，搶食起來卻讓人不敢領教的鹿群。廣達600公頃的奈良公園內有東大寺、興福寺、五重塔、春日大社、若草山等不可不去的景點；周邊還有小説家志賀直哉舊居、奈良博物館等文化設施。若要細細品味奈良獨有的純樸古意，

**奈良燈花會**
名為奈良燈花會的夜間點燈活動，以奈良公園為主要場地，由猿澤池開始，包括奈良國立博物館、興福寺、東大寺、浮見堂、春日大社等古蹟與建築，都在燈光中顯得如夢似幻，令人彷彿回到了平城京的年代。
☀ 夏季 ( 8 / 5 ～ 8 / 1 4 )，活動期間每日18:00~21:00　🏠奈良公園內　🌐www.toukae.jp

若草山除了是燒山祭典重要地，滂沱視野與毫無遮蔽的廣闊景致更是美不勝收，榮登新日本三大夜景之一。

同場加映：離開京阪神的周邊小旅行

提醒來東大寺、春日大社這一帶遊逛時，隨身行李要小心別被小鹿偷襲了。

搭觀光巴士奈良‧西の京‧斑鳩回遊Line遊奈良

奈良公園周邊雖然用走就走得到，但再稍遠的西之京、斑鳩等地則需要搭乘公車較為方便。奈良‧西の京‧斑鳩回遊Line運行在春日大社~JR奈良駅~近鐵郡山~法隆寺之間，從春日大社→法隆寺單程￥770。

另有販售奈良公園‧西の京‧法隆寺 世界遺產1-Day Pass Wide ￥1000，兒童￥500。

購買地點：JR奈良案內所、近鐵奈良案內所、學園前案內所、郡山案內所、王寺案內所、八木案內所、法隆寺駅(南)嶋田たばこ店、法隆寺 i センタ

電話：奈良交通0742-20-3100

光是奈良公園就夠玩上一整天。還有來到奈良必逛的格子町「奈良町」，嚐嚐當地最有名的柿葉壽司與甜點，在古色古香的格子町裡留下美好的記憶。

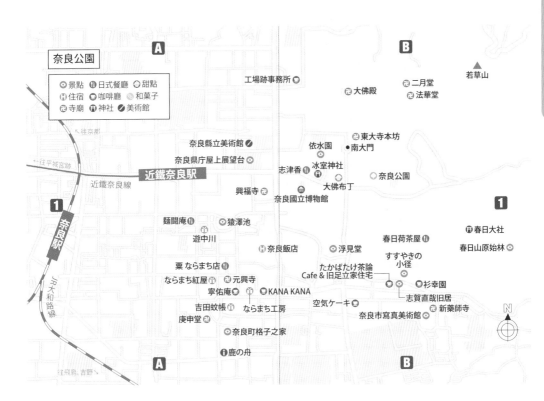

**① 東大寺**

東大寺為奈良時代佛教全盛時期的代表作，建於天平13年(741)，位於平城京東方，故命名之。境內的大佛殿是全世界最大的木造建築，高度超過47公尺，相當於16層樓，寺內毘廬舍那佛亦是世界最大的銅造佛像。

◎P.189B1 ◎JR奈良駅前搭乘奈良循環巴士在「大佛殿春日大社前」下車徒步5分，近鐵奈良駅徒步15分 ☎0742-22-5511 ⬛奈良市雜司町406-1 ◎大仏殿7:30~17:30，11~3月8:00~17:00；法華堂(三月堂) 戒壇院千手堂8:30~16:00；東大寺ミュージアム(東大寺博物館) 9:30~17:30(入館至17:00)，11~3月至17:00(入館至16:30) ⑤國中生以上￥600，小學生￥300；大佛殿與東大寺博物館套票國中生以上￥1000，小學生￥400

大佛殿裡有一根柱子，底部有個據說和大佛的鼻孔一樣大的洞。如果鑽得過這個洞，就可以得到幸福。下次來到這裡，不妨挑戰一下吧！

東大寺供奉的大佛也世界最大的銅造佛像，佛身有15公尺高、佛顏有4公尺長、佛手有3公尺長，佛頂上996個螺髮，每個都有常人腦袋那麼大呢！

**二月堂賞夕日&夜景秘境**

東大寺包含的境域不小，遊客大多以收費的大佛殿、法華堂、戒壇堂、博物館等為參觀重點，同為東大寺境域內、緊鄰三月堂旁的二月堂，位居較高的丘陵坡地上視野遼闊，加上24小時開放，而成為賞夕陽與夜景的秘密基地。

夕照金光下，東大寺境域其他建築也能一起入鏡，景致醉人。

❶二月堂本堂及包含本堂舞台周邊，都禁止使用相機腳架。夜晚前往也請保持肅靜。

**☝有此一說～**

**循著神官們的步伐散步「すすやきの小径」**

高畑町位於春日大社後方，以往就是春日大社神官們居住的地方外，也是不少文學藝術家喜愛進駐之地，如今高畑仍是奈良的高級住宅區，安靜又清幽。而志賀直哉舊居前的巷子便是高畑通往春日大社的林間道「すすやきの小径」，神官們工作結束後會從此步行回住處，大約500多公尺的小徑，宛如走在森林裡，幽靜綠意讓人忘記仍身在都市裡。

春日大社是奈良平城京的守護神社，地位相當崇高。

**② 春日大社**

春日大社殿內祭奉的神祇鹿島大明神，相傳騎了一年的鹿來到奈良，奈良鹿野在此以「神的使者」的身分，定居於神社附近。本殿位於高大的樹林之間，1.5公里長的參道上，由朱紅色的南門進入後，越接近神所在的正殿，朱漆的顏色也慢慢變深；殿內千餘座銅製燈籠，在每年2月節分與8月的14、15日都會點亮。

映照著神社四周茂密參天的原始森林充滿幽玄的美感，氣氛相當神秘迷人。

◎P.189B1 ◎JR奈良駅前搭乘70、88、97、98、133路公車在「春日大社本殿」前下車，近鐵奈良駅徒步20分 ☎0742-22-7788 ⬛奈良市春日野町160 ◎御本殿參拜所6:30~17:30，11~2月7:00~17:00；特別參拜9:00~16:00；夫婦大國社9:00~16:30；御祈禱所9:00~16:00；國寶殿10:00~17:00(入館至16:30)；萬葉植物園9:00~16:30(入園至16:00) ⑤特別參拜￥500；國寶殿成人￥500，大學高中生￥300，國中小學生￥200；萬葉植物園成人￥500，小孩￥250 ⬛www.kasugataisha.or.jp

同場加映：離開京阪神的周邊小旅行

奈良町格子之家能免費參觀古老的格子建築。

奈良町內有許多大大小小的寺廟，興福寺內的五重塔是僅次於京都東寺的日本第二高古寺塔。

### ③ 奈良町

奈良老街被稱作「奈良最古老的小鎮」，位在猿澤池的南邊小巷內，百年前江戶時代的木造格子窗建築並排著，老街裡還藏著很多家外觀古樸、內部卻改造成時髦亮麗的咖啡屋或茶館，同樣列名為世界遺產的元興寺也在奈良老街裡，寺院裡成排的地藏菩薩充滿日本風味。

◎P.189A1 ◎近鐵奈良駅徒步10分；JR奈良駅徒步10分 ♀奈良市猿澤池南

◎P.189A1

### ④ 鹿の舟

位於奈良町南端的奈良町南觀光案內所，以大正時代的町家舊建築改建而成，加上連結隔鄰的2棟建築，形成以「嵩」(服務中心)、「竈」(和式餐點)及「囀」(咖啡)三個名稱融合而成的複合式區域。透過空間設計區分，有以倉庫作為小型的展示美術館，也有利用奈良特產蚊帳設計成宛如繭般的圖書室。

◎P.189A1 ◎近鐵奈良駅徒步17分；JR奈良駅徒步20分 ♀嵩0742-94-3500，竈0742-94-5520，囀0742-94-9700 ♀奈良市井上町11 ◎嵩9:00~17:00，竈11:00~16:00，囀12:00~17:00(L.O.16:30) 休竈、囀週三、年末年始(12/26~1/1) ◎www.kuruminoki.co.jp/shikanofune

◎P.189A1

「囀」是間提供洋式餐點及咖啡的舒適餐廳。

開放大眾使用的頂樓展望台，可以一覽若草山、生駒山、五重塔、奈良公園及奈良市區，雖仍有部分視野阻擋，但免費登高，倒是可以上來看看。

### ⑤ 奈良縣庁屋

想在市中心找個制高點展望，除了若草山視野最廣闊外，最便利一般觀光客的就屬奈良縣廳屋上展望台了。整個奈良公園周邊由於限建規定，建築都不能高於五重塔，因此放眼望去，6樓高的縣廳就變成最高建築。

◎P.189A1 ◎近鐵奈良駅徒步7分 ♀管理係、財 係0742-27-8406 ♀奈良市登大路町30(搭電梯至6樓，再爬2層樓至展望台) ◎8:30~17:00；週六日例假日10:00~17:00，11~1月13:00~17:00 休年末年始(12/29~1/3)、2、3月週六日例假日、不定休(詳見官網) ◎自由參觀 ◎www.pref.nara.jp/4203.htm

◎P.189A1

同場加映：離開京阪神的周邊小旅行

# 京阪神

25

City Target

京阪神 /墨刻編輯部 作 ; -- 初版. -- 臺北市：墨刻出版股份有限公司出版：英屬蓋曼群島商家庭傳媒股份有限公司城邦分公司發行, 2023.4
192面 ;16.8×23公分. -- (Mook city target ; 25)
ISBN 978-986-289-828-4 (平裝)
1.旅遊 2.日本關西

731.7509　　　　111022397

作者墨刻編輯部
攝影墨刻編輯部
主編黃琪微（特約）・羅婕云
封面設計羅婕云
美術設計許靜萍
地圖繪製墨刻編輯部・Nina（特約）

出版公司
墨刻出版股份有限公司
地址：台北市104民生東路二段141號9樓
電話：886-2-2500-7008／傳真：886-2-2500-7796
E-mail：mook_service@hmg.com.tw

發行公司
英屬蓋曼群島商家庭傳媒股份有限公司城邦分公司
城邦讀書花園：www.cite.com.tw
劃撥：1986813／戶名：書虫股份有限公司
香港發行城邦（香港）出版集團有限公司
地址：香港灣仔駱克道193號東超商業中心1樓
電話：852-2508-6231／傳真：852-2578-9337
城邦（馬新）出版集團 Cite(M) Sdn Bhd
地址：41, Jalan Radin Anum, Bandar Baru Sri Petaling, 57000 Kuala Lumpur, Malaysia.
電話：(603)90563833／傳真：(603)90576622
E-mail：services@cite.my

製版・印刷漾格科技股份有限公司
ISBN978-986-289-828-4・978-986-289-831-4（EPUB）
城邦書號KV4025 初版2023年4月 三刷2023年12月
定價360元
MOOK官網www.mook.com.tw
Facebook粉絲團www.facebook.com/travelmook
MOOK墨刻出版 www.facebook.com/travelmook

執行長何飛鵬
PCH集團生活旅遊事業總經理暨墨刻出版社長李淑霞

總編輯汪雨菁
資深主編呂宛霖
採訪編輯趙思語・陳楷琪
叢書編輯唐德容
資深美術設計主任羅婕云
影音企劃執行邱茗晨

業務經理詹顏嘉
業務副理劉玫玟
業務專員程麒
行銷企畫經理呂妙君
行政專員呂瑜珊

印務部經理王竟為